KB266159

최상위 합격의 시작, 초등 탐구력

전 과목 선행을 뛰어넘는 탐구력의 힘

최상위 합격의 시작

초등 탐구력

조기성,
팀유니온(박상현, 박정준, 임정은) 지음

포르체

목차

2장   탐구하며 정하는 진로 활동

추천사

　학습에서 가장 중요한 것은 '스스로 깨닫는 즐거움'을 느끼는 경험이다. 이 책은 초등학생의 발달 단계에 맞춰 탐구의 과정을 세밀하게 설계하여 아이가 스스로 성취감을 맛볼 수 있도록 안내한다. 자기주도적 탐구는 불안한 입시 환경 속에서도 아이가 정서적 중심을 잡고 성장할 수 있게 만드는 강력한 회복탄력성의 근간이 된다. 이 책은 부모의 불안을 확신으로 바꾸고, 아이의 호기심을 구체적인 역량으로 이끄는 메커니즘이 탁월하다. 교육의 궁극적 목적인 아이의 자아실현을 돕는 훌륭한 가이드북이다.

-이주호(前 교육부 장관)

　AI와 공존하는 시대에 요구되는 역량은 더 이상 지식의 양이 아니라, 데이터를 해석하고 새로운 가치를 창출하는 '탐구 리터러시'이다. 이 책은 초등 시기를 자기주도적 탐구 역량을 형성하는 결정적 시기로 재정의하며, 발달 단계에 맞춘 구체적이고 실천 가능한 방향을 제시한다. 특히 AI 기반 진단과 온·오프라인을 아우르는 융합 탐구 방법은 매우 혁신적이며 미래지향적이다. 급변하는 교육 환경과 불확실한 입시 제도에 흔들리지 않는 본질을 제시하는 이 책은 우리 아이를 '지식의 소비자'가 아닌 '탐구하는 선장형 인재'로 키우고자 하는 학부모가 가장 신뢰할 수 있는 지침서이다.

-정제영(한국교육학술정보원(KERIS) 원장)

미래 사회의 진정한 경쟁력은 단순한 지식의 축적이 아닌, 스스로 질문을 던지고 해답을 찾아가는 탐구력에서 비롯된다. 이 책은 인지적 문제 해결과 내재적 학습 동기 형성이라는 교육심리학적 관점에서, 초등 시기 아이들의 주도성을 어떻게 이끌어 낼 수 있는지 명쾌한 로드맵을 제시한다. 특히 탄탄한 독서 역량과 결합된 탐구 활동은 불확실한 입시와 미래 교육 환경 속에서도 흔들리지 않는 단단한 나침반이 되어 줄 것이다. 최상위권 도약이라는 결과를 넘어, 아이의 평생 학습 태도를 결정지을 훌륭한 지침서로 이 책을 추천한다.

-신종호(서울대학교 교육학과 교수)

프롤로그
우리 아이의 꿈을 이루는 내비게이션, 탐구력

내 자녀를 어떤 모습의 어른으로 성장시키고 싶으신가요?

우리는 그 어느 시대보다 뜨거운 교육열의 시대를 살고 있습니다. 전쟁의 폐허 속에서 교육을 통해 자녀를 출세시키고자 했던 부모 세대의 열망은 오늘날에도 이어져, 많은 학부모님이 자녀가 안정된 직업과 소득을 누리는 삶을 살기를 바라며 교육에 모든 것을 쏟아붓고 계십니다.

하지만 현실은 그리 녹록지 않습니다. 대통령이 바뀔 때마다 달라지는 예측 불가능한 입시 정책과 고교학점제 도입, 수능 개편안 등은 부모님들을 끊임없는 불안 속으로 몰아넣습니다.

여기에 더해 인공지능(AI)의 급격한 발전과 디지털 전환이라는 거대한 파도는 단순히 지식을 암기하고 남들보다 앞서 나가는 '성적 중심'의 교육이 더 이상 유효하지 않음을 경고하고 있습니다.

이제 우리는 질문을 바꿔야 합니다. "어떻게 하면 성적을 올릴까?"가 아니라, "어떻게 하면 변화하는 미래에서 스스로 길을 찾는 아이로 키울 수 있을까?"를 고민해야 합니다.

그 해답은 바로 우리 아이의 꿈을 이루는 내비게이션, '탐구력'에 답이 있습니다.

현재 우리나라 초중고 교육의 근간인 2022개정교육과정은 학습 중심에서 벗어나 학생 스스로 질문을 던지고 문제를 해결하는 '탐구 중심의 역량'을 키우는 데 방점을 두고 있습니다. 이 교육과정이 지향하는 인간상은 정해진 노선을 따라가는 '승객'이 아닙니다. 거친 바다에서 스스로 목적지를 정하고 키를 잡는 '선장'과 같은 아이입니다.

탐구력은 단순한 학습 능력이 아닙니다. 지형이 바뀌면 쓸모없어지는 지도가 아니라, 미로 같은 미래에서도 자신만의 길을 개척하게 해 주는 '나침반'의 역할을 합니다.

탐구력을 갖춘 아이는 교육 정책이나 입시 제도가 어떻게 바뀌더라도 흔들리지 않고 자신의 역량을 발휘할 수 있습니다.

이 책은 초등 시기부터 이러한 탐구력의 '그릇'을 어떻게 키워 줄 것인지에 대한 구체적인 로드맵을 제시하고 있습니다.

초등학교는 1, 2학년군/3, 4학년군/5, 6학년군으로 분류되며 각 시기에 맞는 전략을 제시하고 있습니다.

또한, 탐구력의 시작이자 완성이라 할 수 있는 독서 전략과 AI 분석 및 온라인 플랫폼(주니어커리어넷, 독서로 등)을 활용한 스마트한 진로 관리 방법과 독서 포트폴리오 관리법까지 상세히 소개하고 있습니다.

부모는 아이에게 물고기를 주는 사람이 아니라, 물고기 잡는 법(탐구력)을 가르치는 사람이어야 합니다. 이 책이 자녀라는 배의 키를 잡고 미래라는 넓은 바다로 나아가는 학부모님들에게 든든한 항해 지침서가 되기를 바랍니다.

탐구력이라는 나침반을 가진 아이는 결코 길을 잃지 않습
니다. 이제 우리 아이와 함께 새로운 탐험을 시작해 보시겠습
니까?

-2026년 4월, 조기성, 팀유니온

1장

왜 탐구력인가?

우리가 자녀 교육을
중요하게 생각하는 이유

우리나라는 근대화 과정에서 일제강점기와 6·25전쟁을 통해 수탈을 당하고 폐허가 되면서 모든 기반을 잃게 되는 역사를 거쳤다. 전쟁 이후 산업화를 위해 다양한 경제 정책을 수립하게 되었고, 단순 인력과 노동의 중심이던 1차 산업과 2차 산업이 3차 산업군으로 바뀌면서 내 자녀만큼은 교육을 통해 출세시키겠다는 교육열이 자연스럽게 생겨났다.

이 시기에는 한 명의 강력한 리더가 필요했기에 모두를 줄 세우듯 경쟁시켰고, 대학의 서열과 직업의 서열이 고착화되었다.

부모로부터 교육열을 물려받은 현재의 학부모 세대는 공교육과 사교육을 함께 경험하였으며, 자녀가 안정된 직업과 소득을 올리는 삶을 살 수 있는 방법으로 교육을 선택하는 경우가 많았다. 따라서 자녀 교육에 올인하는 학부모들을 주변에서 쉽게 볼 수 있다. 대부분의 부모는 자녀가 안정된 직업을 갖고 삶을 살아가게 하고 싶은 목표를 갖기 때문이다.

예측 불가능한 교육 정책

자녀 교육이 중요해진 두 번째 이유는 정치와 연계된 예측 불가능한 교육 정책 때문이다. 대통령이 바뀔 때마다 달라지는 교육 정책과 입시 제도는 언제 또 바뀔지 예측할 수 없다. 고등학교의 내신 등급이 5등급제로 변화되고 고교학점제가 도입되었고, 2028년도 수학능력평가(이하 수능) 개편안이 발표되어 문·이과 구분 없이 통합사회와 통합과학 등이 적용되었다.

2025년에 정부가 바뀌면서 교육계에서도 수능 절대평가에 대한 목소리가 나오고 있으며, 수시를 줄이고 정시를 늘려야 한다는 의견도 나오고 있다.

이렇게 정부에 따라 예측이 불가능한 교육 정책과 입시 정책을 대비하기 위해서는, 제도와 상관없이 성적이 우수하면 된다는 생각을 하게 되어 자녀의 학업 성적을 올리기 위한 선행 학습과 사교육이 활성화되고 있는 현실이다.

교육과정이 제시하는 방법

효율적으로 생각해 봐야 할 점이 있다. 무조건 성적을 올리기 위해 경쟁만 한다면 모두가 무한 경쟁으로 계속 과도한 투입을 할 수밖에 없고, 성적을 위해 아이들은 매일 학습만 해야 하는 상황이 될 수 있다.

현재 우리나라 초중고에 적용되고 있는 교육과정은 2022 개정교육과정으로 학습 중심의 교육과정이 아닌 탐구 중심의 역량을 키우는 미래지향적인 교육과정으로 볼 수 있다.

1. 2022개정교육과정 톺아보기

2022개정교육과정 구성의 중점은 아래와 같다.

- 미래 사회 대응 능력 및 주도성 함양
- 공동체 의식 및 인격적 성장 지원
- 언어·수리·디지털 기초 소양 강화
- 학습자 맞춤형 교육 체제 구축
- 교과 간 연계 및 깊이 있는 학습

위의 다섯 가지 중점을 풀어서 이야기하면, 미래 사회를 대응하고 학생 스스로 학습을 주도(자기주도 역량)하면서 공동체 의식(협업 역량) 및 인격적 성장 지원(사회 정서 역량), 언어·수리·디지털 기초 소양 강화(기본을 갖춘 후 스스로 학습하는 역량), 학습자 맞춤형 교육 체제 구축(개인 학습 데이터와 개인 소질 적성을 통한 맞춤 학습), 교과 간 연계 및 깊이 있는 학습(문제 해결을 통한 탐구력의 중요성)을 강조하고 있다고 볼 수 있다.

2022개정교육과정에서는 미래 사회가 요구하는 핵심 비전이자 지향하는 인간상으로 '포용성과 창의성을 갖춘 주도적인 사람'을 이야기하고 있으며 아래의 네 가지 인간상을 제시하고 있다.

- 자기주도적인 사람: 전인적 성장을 바탕으로 자아정체성을 확립하고 자신의 진로와 삶을 스스로 개척하는 사람
- 창의적인 사람: 폭넓은 기초 능력을 바탕으로 진취적 발상과 도전을 통해 새로운 가치를 창출하는 사람
- 교양 있는 사람: 문화적 소양과 다원적 가치에 대한 이해를 바탕으로 인류 문화를 향유하고 발전시키는 사람
- 더불어 사는 사람: 공동체 의식을 바탕으로 다양성을 이해하고 서로 존중하며 세계와 소통하는 민주시민으로서 배려와 나눔, 협력을 실천하는 사람

주요 변화 및 특징은 아래와 같다.

- '자주적인 사람'에서 '자기주도적인 사람'으로의 변경: 2015개정교육과정의 인간상을 계승하되, 미래 사회의 불확실성에 대응하기 위해 '주도성(Agency)'의 개념을 강화하여 '자주적'을 '자기주도적'으로 변경하였다.
- 주도성의 확장: 여기서 말하는 주도성은 단순히 스스로

하는 것을 넘어, 자신의 삶과 주변 세계에 긍정적인 영향을 미치며 세계의 변화를 주도하고 행동에 책임을 지는 능력까지 포함하고 있다.

- 핵심 가치의 반영: 인구 구조의 변화, 디지털 전환, 기후·생태 환경 변화 등 급변하는 환경 속에서 자기주도성, 창의와 혁신, 포용과 시민성을 핵심 가치로 삼아 인간상을 재구조화하였다.
- 역량과의 연계: 이러한 인간상을 구현하기 위해 학교 교육의 전 과정을 통해 자기관리, 지식정보처리, 창의적 사고, 심미적 감성, 협력적 소통, 공동체 역량의 6대 핵심 역량을 중점적으로 기르고자 교육과정을 구성하였다.

쉽게 비유하자면 2022개정교육과정이 지향하는 인간상은 정해진 노선을 따라가는 '열차 승객'이 아니라, 거친 바다에서 스스로 목적지를 정하고 키를 잡는 '노련한 선장'과 같다. 선장은 자신의 배를 관리하는 능력(자기주도)과 새로운 항로를 찾는 지혜(창의)를 갖추어야 하며, 동시에 바다라는 공동의 환경을 아끼고(교양) 다른 배들과 협력하여 항해(더불어 사는 삶)해야 하기 때문이다.

2. 미래 사회를 대응하는 방법

2022개정교육과정의 인간상을 통해 자녀들이 키워야 할 가장 핵심적인 내용이 무엇인가 생각해 볼 수 있다. 급변하는 미래 사회의 불확실성에 대응하고 자신의 삶을 스스로 이끌어 가며 탐험해야 할 학습자 주도성, 즉 '탐구력'이다.

① 미래 사회의 복잡성과 불확실성에 대한 대응

AI 기술의 발전, 디지털 전환, 기후 위기 등 예측하기 어려운 변화가 일상화되면서 단순한 지식 암기만으로는 문제를 해결할 수 없게 되었다. AI가 정보의 수집과 분석을 대신하는 시대에는 문제의 본질을 이해하고 창의적인 해결책을 찾아내는 인간만의 탐구 능력이 국가 경쟁력을 좌우하는 핵심 요소가 되기 때문이다.

② '깊이 있는 학습'과 '지식의 전이' 실현(개념 기반 탐구 학습)

2022개정교육과정은 단편적 지식 습득을 지양하고 '핵심 아이디어'를 중심으로 지식을 구조화하는 깊이 있는 학습을 지향한다.

• 전이(Transfer) 능력: 탐구 과정을 통해 원리와 개념을 깊

게 이해했을 때, 학생들은 배운 내용을 새로운 상황이나 실제 삶의 맥락에 적용하는 '전이'가 가능해진다.

- 교과 고유의 사고방식: 학생이 교과 고유의 탐구 방법을 익히는 것은 단순히 지식을 아는 것을 넘어 지식이 생성되는 방식 자체를 경험하여 능동적인 학습자로 성장하게 함을 의미한다.

③ 학습자 주도성의 함양

탐구는 학생이 학습의 수동적 수용자가 아닌 배움의 주체가 되는 과정이다. 학생 스스로 질문을 던지고 문제를 해결하는 탐구 중심 수업은 자신의 학습 과정을 성찰하고 조절하는 능력을 키워 주며, 이는 미래 사회를 살아갈 수 있는 자기주도적 역량의 근간이 된다.

④ 대학 입시 및 평가 패러다임의 변화

최근 입시는 점수 위주의 정량 평가에서 벗어나 학생이 가진 잠재력과 탐구 역량을 중시하는 방향으로 변하고 있다. 특히 예측 불가능한 교육 제도, 입시 제도의 변화에 대응해야 한다.

- 학생부종합전형의 핵심: 명문대를 비롯한 주요 대학들
  은 교과 활동과 연계된 주제 탐구 활동을 통해 지적 호기
  심과 해결 능력을 증명한 인재를 선호하며, 탐구력은 학
  생의 학업 열의와 깊이를 판단하는 가장 중요한 척도로
  평가하고 있다.
- 과정 중심 평가: 결과뿐만 아니라 사고 과정을 중시하는
  평가 체제로의 전환에 따라, 학생이 문제를 발견하고 해
  결해 나가는 탐구의 전 과정이 교육의 중요한 성과로 이
  어지고 있다.

교육계의 '물고기를 주지 말고 물고기 잡는 방법을 가르쳐
라'라는 가장 오래된 이야기는 지식을 가르치는 것이 아닌 지
식을 담는 법을 가르치라는 뜻이다.

쉽게 비유하자면 과거의 교육이 목적지까지 그려진 '지도
를 외우는 법'을 가르쳤다면, 2022개정교육과정에서의 탐구
는 '나침반과 별자리를 보며 스스로 길을 찾는 법'을 가르치
는 것과 같다. 지도는 지형이 바뀌면 쓸모없어지지만, 탐구라
는 나침반을 가진 사람은 미래라는 거대한 미로 속에서도 언
제든 자신만의 새로운 길을 개척해 나가게 된다.

이처럼 탐구력은 교육과정이나 입시 제도가 어떻게 바뀌더

라도 대비가 가능한 가장 중요한 역량이다.

왜 초등부터 탐구력인가?

1. 초등 1, 2학년 시기

초등학생은 유아기를 거쳐 유년기를 보내는 시기이다. 어린이집, 유치원에서 소수의 사회와 기본 생활을 배웠다고 한다면 초등학교 저학년은 다수의 단체 생활을 통해 사회생활의 기초를 배우는 시기이다.

필자(조기성)는 2013년 《(집에서 따라잡는) 엄마표 스마트 수업》에서 지식의 '그릇'이라는 개념을 주장했다. 이 개념은 유아 초등 저학년 시기에 다양한 체험과 자연 활동을 통해 스스로 그릇을 크게 만들고, 거기에 지식을 담도록 교육하는 법에 관한 것이었다. 2026년 1월에 발간한 《AI 디지털 교육 트렌드 리포트 2026》에서는 저학년 시기에 읽기(Reading), 쓰기(wRiting), 셈하기(aRithmetic)의 '3R' 교육을 강화하고, 조작 활동과 논리적 사고를 기르는 것이 유아 및 초등 저학년 단계에서의 AI 교육이라고 이야기하였다. 유아 및 초등 저학년에서 너무 많은 것을 배우게 하여 그릇을 키우지 못하고 넘쳐흐르게 할 것이 아니라, 기초 기본을 강화하여 지식을 담을 커다란 그릇을 만들고 스스로 많은 것을 담고 정리할 수 있어야 하기 때문이다. 그릇을 키운 후에 지식을 담는 방법이 바로 '탐구력'이다. 친구들과 함께 생각을 공유하고 아이디어를 나누고 조율하여 문제를 해결하는 방법인 것이다.

2022개정교육과정에서의 초등 1, 2학년 교육과정을 살펴보면 '그릇'에 대해 이해할 수 있다. 국가교육과정이라는 것은 교육전문가들이 아동의 신체, 두뇌 발달에 꼭 필요한 교육 내용을 연구하여 기술한 것이기 때문이다.

이 시기는 '학생의 발달 특성을 고려하여 한글 해득 교육, 신체 활동, 안전 교육을 대폭 강화하고, 학교생활의 적응을 돕는 통합교과 중심의 교육을 지향한다'라고 안내되어 있다. 기초·기본 교육인 국어, 수학 교과와 바른 생활, 슬기로운 생활, 즐거운 생활의 통합교과와 창의적 체험을 통해 기본 역량을 키우는 데 중점을 두고 있다.

초등 1, 2학년군의 수업 시수는 아래의 표에 정리되어 있다.

초등학교 1, 2학년군의 교과별 수업 시수

교과	국어	수학	바른 생활	슬기로운 생활	즐거운 생활	창의적 체험
시수	482	256	144	224	400	238

이 시기는 3R의 기본인 국어와 수학 뿐 아니라 바른 생활, 슬기로운 생활, 즐거운 생활 등의 통합교과를 주제 중심으로 학습하고 활동하는 교육과정으로 볼 수 있다. 창의적 체험 활동을 통해 입학 초기의 학교 적응 과정과 진로 연계 교육을 통해 아이들의 학교생활 적응과 정서적 지원을 지원하도록 교육과정이 설계되었다.

이 중에서 통합교과를 살펴보면 '지금-여기-우리 삶'이라는 탈학문적 주제를 바탕으로 학생의 경험을 중심에 두어 생활 속에서 자연스럽게 탐구 활동이 진행되도록 수업이 주제 중심으로 융합 통합되어 진행됨을 알 수 있다.

쉽게 설명하자면 초등학교 1, 2학년 교육과정은 아이가 학교라는 새로운 세상에 뿌리를 내릴 수 있도록 자연 속에서 천천히 산책하고 때로는 뛰어놀 수 있도록 만들었다. 국어 수업은 소통의 도구인 글자를 단단하게 다지는 '거름'이 되고, 즐거운 생활은 마음껏 뛰어놀며 몸을 키우는 '햇살'의 역할을 한다. 특히 통합교과는 아이들이 매일 마주하는 삶의 질문들을 통해 스스로 길을 찾아가는 '이정표' 역할을 하여, 자연스럽게 학교생활에 녹아들고 자신만의 소질과 적성을 발견할 수 있도록 기초를 다지는 기간으로 볼 수 있다.

초등 1, 2학년 시기의 교육과정은 발도로프 교육과도 결을 같이 하기에 간단히 소개해 본다.

발도르프 교육이란?

발도르프 교육은 루돌프 슈타이너가 창시한 대안교육으로, 신체, 정신, 영혼의 조화로운 발달을 목표로 하며, 예술과 노작 활동을 통해 아이들의 내재된 잠재력을 키우고 창의적이며 자유로운 인간으로 성장시키는 것을 강조한다. 미디어 노출을 최소화하고 자연 친화적 환경에서 진행되며, 교과서 없는 수업, 8년간의 한 담임 교사 제도, 성적 없는 성적표 등이 특징인 전 세계적으로 확산된 교육 모델이다.

주요 특징은 아래와 같다.

- 전인 교육: 인지적, 정서적, 신체적, 실용적 재능을 모두 발달시키는 것을 중요시함
- 예술 및 노작 활동: 그림, 음악, 수공예, 원예 등 예술과 실질적인 노동을 통해 감각과 창의성을 기름
- 미디어 최소화: 디지털 미디어 노출을 줄이고 자연과의 교감을 중요시함
- 에포크 수업: 특정 과목을 2~4주간 집중적으로 배우는 수업 방식
- 8년 담임: 한 담임 교사가 1학년부터 8학년까지 학생들을 지속적으로 가르쳐 깊은 유대감을 형성함
- 성적 없는 성적표: 아이의 성장 과정을 상세히 기록한 서술형 성적표 제공
- 자유로운 교육과정: 정해진 목표보다 아이의 내적 성장을 돕고 스스로 배울 수 있는 능력을 함양하는 데 초점을 맞춤

2. 초등 3, 4학년 시기

초등 1, 2학년 시기에 튼튼하고 커다란 지식의 그릇을 만들었다고 한다면 3, 4학년부터는 지식을 담는 방법을 배우는 시기이다. 본격적으로 '탐구력'을 배우고 경험하는 중요한 시기이다.

학부모들은 자녀가 부모의 이야기에 "네." 하고 바로 답하지 않아 우리 아이가 사춘기가 아닌가 생각하기도 한다. 이 시기의 아이들은 자신만의 생각이 생겼기 때문에 부모님의 말씀을 듣고 바로 "네." 하고 답하지 않을 수 있다. 그럴 때 학부모가 야단을 치거나 화를 내는 것이 아닌 자녀의 생각과 이유를 물어보고 자녀의 이유가 합당하다고 한다면 들어 주어야 대화가 지속될 수 있다. 자녀를 나의 부속이 아닌 가족의 한 구성원으로 인정하면서 생각이나 의견을 존중해 줘야 한다는 뜻이다.

학교에서의 3, 4학년 교육에서 달라지는 점은 1, 2학년에서의 기초 학습을 바탕으로 교과 학습을 본격적으로 시작하면서, 학교 자율 시간을 통해 지역과 학교의 특색을 살린 맞춤형 교육을 강화한다는 점이다.

여전히 기본인 3R을 강조하면서 국어와 수학 교과 시간이 중요시된다. 한편 통합교과로 이루어졌던 수업이 본격적인 교과인 도덕, 과학, 체육, 음악, 미술, 영어로 진행되며, 5, 6학년에서 추가되는 실과를 제외하고는 교과의 기초 지식을 쌓아 가는 시기이다. 본격적인 교과별 수업이 진행되고 영어 교과가 시작되는 시기이다.

수업 시수는 아래와 같다.

초등학교 3, 4학년군의 교과별 수업 시수

교과	국어	사회/도덕	수학	과학	체육	예술(음악, 미술)	영어	창체
시수	408	272	272	204	204	272	136	204

3, 4학년 교육과정의 주요 교육적 특징은 아래와 같다.

- 학교 자율 시간의 도입: 2022개정교육과정에서 3~6학년에 새롭게 도입된 제도로, 연간 34주를 기준으로 한 학기별 1주의 수업 시간을 확보하여 운영한다. 이를 통해 학교는 지역 연계 생태 환경 교육, 디지털 기초 소양 등 학교장 개설 과목이나 새로운 활동을 운영할 수 있다.
- 디지털 기초 소양 및 정보 교육: 실생활 맥락과 연계된

디지털 기초 소양 함양을 강조하며, 학교 자율 시간 등을 활용하여 체계적인 정보 교육을 실시할 것을 권장한다.

- 교과 학습으로의 이행: 1, 2학년의 통합교과(바른·슬기로운·즐거운 생활)에서 배운 기초 능력을 바탕으로, 사회, 과학, 영어 등의 개별 교과를 통해 세상을 탐구하는 힘을 기른다.
- 안전 교육의 통합 운영: 별도의 교과 대신 체육, 과학 등 관련 교과와 창의적 체험 활동의 내용과 연계하여 체험 중심의 안전 교육을 실시한다.

위의 교육적 특징을 살펴보면 교과 활동과 함께 우리 주변의 문제를 해결하기 위해 학교 자율 시간이 도입되고 디지털 기초 소양 및 정보 교육을 통해 교과와 연계한 활동이 필요함을 알 수 있다. 1, 2학년의 통합교과(바른 생활, 슬기로운 생활, 즐거운 생활)에서 배운(탐구한) 기초 능력을 바탕으로 교과를 통해 세상을 '탐구'하는 내용이 제시되고 있다.

이 시기는 아이들이 본격적인 탐험가로 탐구 활동을 시작하는 시기가 된다. 1, 2학년이 집 마당(통합교과)에서 노는 법을 익혔다면, 3, 4학년은 나침반(수학·과학)과 새로운 언어(영어),

지도(사회)를 들고 동네 밖 세상으로 나가는 법을 배우고 탐구를 시작하도록 하는 시기이다. 특히 '학교 자율 시간'은 이 탐험가가 우리 동네만이 가진 특별한 보물(지역 특색)을 스스로 찾아낼 수 있도록 허락된 '자유 탐색 시간'과 같다. 우리 지역의 좋은 점과 고쳐야 할 점을 스스로 찾은 후 좋은 점은 더 좋아질 수 있도록, 고쳐야 할 점은 친구들과 함께 고쳐 나가는 본격적인 탐구 활동의 첫걸음이 되는 시기라고 볼 수 있다.

3. 초등 5, 6학년 시기

3, 4학년 때 기른 탐구력을 바탕으로 자신을 돌아보고 나만의 탐험을 찾아가는 진로 활동이 더욱 본격화되는 시기라고 할 수 있다.

실과 교과가 시작되고 학교 자율 시간을 활용하면서 중학교 교육과정과의 연계를 강화하는 교육과정이 적용된다.

신체나 정신적 성장 과정으로 본다면 2차 성징이 시작되는 경우도 많으며 신체적인 성장과 정신적인 성장으로 자신만의 생각이 더욱 강화되는 시기이다.

특히 자신의 관심과 적성, 소질을 파악하여 진로를 정할 수

있다면 미래를 준비하기에 가장 중요하고 적당한 시기라고
할 수 있다.

초등학교 5, 6학년군의 교과별 수업 시수

교과	국어	사회/도덕	수학	과학/실과	체육	예술(음악, 미술)	영어	창체
시수	408	272	272	340	204	272	204	204

5학년부터 실과 교과가 추가되어 실생활 기술, 가정 생활,
정보 기술 등을 배운다. 특히 정보 교육은 실과의 정보 영역
시수와 학교 자율 시간 등을 활용하여 34시간 이상 편성·운영
하는 정보 통신 기술 교육과 SW 교육을 본격적으로 시작하
는 시기이다.

실과 교과는 학생들이 주도적인 삶을 영위할 수 있도록 다
음과 같은 영역을 다루고 있다.

- 인간 발달과 주도적 삶: 아동기 발달에 대한 이해와 자
  립적인 일상 관리
- 생활 환경과 지속 가능한 선택: 자원의 합리적 관리와
  생태 지향적인 의식주 생활
- 지속 가능한 기술과 융합: 로봇 제작, 친환경 건설, 동식

물 자원 관리 등 기술의 가치 인식

- 디지털 사회와 인공지능: 알고리즘 설계와 기초 프로그래밍, 인공지능이 사회에 미치는 영향 탐색

특히 학교는 실과 교과 도입을 통해 학생들이 AI와 정보 통신, 기술이 변화하는 세상을 탐험하도록 하고, 이를 자율 시간과 연계해 특색 있는 교육과정(생태 환경 교육, 디지털 기초 소양 등)을 운영하거나 새로운 과목을 개설할 수 있다.

6학년 2학기 중 일부 시간을 활용하여 중학교의 생활 및 학습 준비, 진로 탐색 프로그램을 운영하는 진로 연계 교육 (중학교 전환기)을 통해 학교급 간의 원활한 적응을 지원한다.

5, 6학년은 아이들이 초등학교라는 섬을 떠나 중학교라는 더 넓은 대륙을 건너가기 위해 점검하고 준비하는 시기로 본다. 본격적인 정보 기술을 활용하기 전에 실과와 정보 교육을 통해 기초를 다지고 중학교와 연계한 진로 교육을 통해 새로운 환경에 적응할 수 있는 면역력을 기르면서 자신의 진로를 고민하고 준비하는 가장 중요한 시기라고 생각할 수 있다.

중학교에 가면 자유학기제(102시간)를 통해 진로를 탐색하는 시간이 있지만, 초등학교 시기는 학업 성취도의 부담을 떠

나 다양한 직업을 체험하고 탐색하여 본인의 소질과 적성에
맞는 진로의 방향을 설정하여 준비할 수 있기 때문이다.

중학교에서는 어떤 과정으로
탐구 활동이 이루어질까?

1. 중학교 교육과정은 어떻게 구성되어 있을까?

중학교 시기는 자신의 적성과 소질을 바탕으로 진로를 탐색하는 시기이며 교육과정은 초등학교 교육의 성과를 바탕으로 학생의 일상생활과 학습에 필요한 기본 능력을 기르고, 바른 인성 및 민주 시민의 자질을 함양하는 데 중점을 둔다.

초등학교처럼 교과와 창의적 체험 활동으로 편성이 되지만 교과가 추가되고 선택 교과가 생기는 등의 변화가 생긴다.

- 교과(군): 국어, 사회(역사 포함)/도덕, 수학, 과학/기술·가정/정보, 체육, 예술(음악/미술), 영어, 선택 교과(한문, 환경, 생활 외국어, 보건, 진로와 직업 등의 과목을 포함하며, 학교는 2개 이상의 과목을 동시에 개설하여 학생의 선택권을 보장해야 한다.)

3년간 총 3,366시간을 수업하며 수업 1시수가 초등학교에서는 40분이었던 것이 45분으로 늘어난다.

이런 수업 시간은 학교 특성과 학생의 요구에 따라 교과(군)별 및 창의적 체험학습 시수의 20% 범위 내에서 시수를 증감하여 편성할 수 있게 되어 있다(체육, 예술 교과는 감축 불가).

중학교에서는 자유학기와 진로 연계 학기를 운영하게 되어 있다.

자유학기제는 중학교 과정 중 1학년 1학기 또는 2학기 중 한 학기를 선택하여 운영하며, 총 102시간 동안 주제 선택 활동과 진로 탐색 활동의 2개 영역을 중심으로 운영하게 되어 있다. 진로 연계 학기는 3학년 2학기에 운영하며, 고등학교

생활 및 학습 준비, 고교학점제 이해, 과목 선택 연습 등을 통해 상급 학교로의 원활한 이행을 돕고 있다.

또한 디지털 기초 소양 함양을 위해 정보 수업 시수와 학교 자율 시간 등을 활용하여 68시간 이상 편성·운영할 것을 권장하여 정보 교육을 강화하였다. 지역과 연계하거나 다양하고 특색 있는 교육과정 운영을 위해 학기별 1주의 수업 시간을 확보하여 학교장 개설 과목이나 새로운 활동을 운영하는 방법으로 학교 자율 시간을 강화하였다.

이는 디지털 기술을 활용하여 다양한 지역 문제를 특색 있게 탐구하고 해결하는 탐구력을 중시하는 시간이라고 볼 수 있다.

중학교에서는 학교 스포츠 클럽을 활성화해 3년간 총 102시간(연간 34시간)을 운영하며 학기당 이수 교과목 수를 8개 이내로 내실 있는 학습이 이루어지도록 교육과정을 편성하게 하였다(체육, 예술(음악/미술)교과, 선택 과목, 그리고 학교 자율 시간에 편성된 과목은 이 8개 이내라는 숫자 제한에서 제외하여 편성 가능).

2. 중학교 탐구 활동은 어떻게 구성되어 있을까?

중학교에서는 학생이 교과 고유의 탐구 방법을 익히고 스스로 문제를 해결하는 '자기주도 학습 능력'을 함양하는 데 중점을 두며 탐구력을 기르기 위한 수업 활동을 다음과 같이 운영하고 있다.

1) 탐구 질문 중심의 학생 참여형 수업

탐구 활동은 단순히 정답을 찾는 과정이 아니라, 학생의 호기심을 자극하는 '탐구 질문'을 해결하는 방식으로 이루어진다.

- 질문의 유형: 탐구 질문은 사실 확인을 넘어 여러 관점에서의 해석과 비판적 사고를 유도한다. 사실적 질문, 개념적 질문, 논쟁적 질문 등으로 구성되어 깊이 있는 학습을 이끌어가도록 한다.
- 수업 방식: 토의·토론, 프로젝트 학습, 실험, 실습, 관찰, 조사 등 다양한 체험 중심의 활동이 활성화된다.

2) 탐구-실행-성찰의 순환적 과정

탐구 활동은 '탐구(Explore) – 실행(Execute) – 성찰(Reflect)'

의 과정을 통해 체계적으로 전개된다.

- 탐구: 실생활 맥락이나 교과 핵심 개념에서 문제를 발견하고 관련 자료를 수집한다.
- 실행: 수집한 자료를 분석하여 결론을 도출하고, 이를 실제 문제 해결에 적용하거나 결과물을 산출한다.
- 성찰: 자신의 탐구 과정과 사고 전략을 점검하며 개선하는 메타인지적 성찰을 통해 지식을 내면화한다.

3) 자유학기 및 창의적 체험 활동과의 연계

중학교 특화 과정인 자유학기와 창의적 체험 활동은 탐구 역량을 키우는 핵심적인 장으로 볼 수 있다.

- 자유학기: 주제 선택 활동과 진로 탐색 활동을 통해 학생이 주도적으로 참여하는 프로젝트 기반 탐구를 강화한다.
- 창의적 체험 활동: 학생들은 자신의 관심 분야에 대해 소집단으로 공동 주제를 설정하고 탐구 과정을 경험할 기회를 얻도록 한다. 자율 활동의 일환으로 개인 연구나 소집단 프로젝트 등 주제 탐구 활동이 이루어지기도

한다.

4) 교과별 고유한 탐구 방식의 적용

각 교과는 그 특성에 맞는 고유한 탐구 방법을 제공하도록
한다.

- 수학/과학: 개념과 원리를 직접 발견하고 구성하며, 가
  설 설정 및 실험 설계 등을 통해 과학적·수학적 추론 능
  력을 기를 수 있다.
- 국어/사회: 실생활과 연계된 사회 문제나 언어 현상을
  비판적으로 분석하고, 다양한 매체를 활용하여 해결 방
  안을 모색하는 프로젝트를 수행한다.
- 예술/체육: 조형 원리 탐색이나 신체 활동의 원리 이해
  를 통해 창의적으로 표현하고 문제를 해결하는 탐구 과
  정을 거치도록 한다.

5) 디지털 도구와 환경 활용

첨단 기술을 활용한 탐구 환경이 강조된다. 지능형 과학실
이나 디지털 플랫폼을 활용하여 빅데이터를 분석하거나, AI
도구로 시뮬레이션을 수행하고 탐구 결과물을 표상한다.

6) 과정 중심 평가와 피드백

탐구 활동에 대한 평가는 결과뿐만 아니라 결과에 이르기까지의 학습 과정을 확인하는 데 주안점을 두어 평가한다. 학생이 자신의 탐구 과정을 스스로 평가하는 자기 평가와 동료 평가가 적극적으로 활용되며, 교사는 학생의 성장을 돕는 맞춤형 피드백을 수시로 제공하도록 한다.

3. 중학교 시기 정리

중학교에서 시행되는 교육과정과 성장 시기를 바탕으로 보면, 초등학교에서 지식의 그릇을 만들고 담는 방법을 배워 조금씩 채운 경험에 이어 자유학기제를 통해 본격적인 진로를 찾아볼 수 있도록 설계되어 있다. 초등 교육을 떠나 본격적인 중등 교육을 시작하면서 본인의 소질과 적성을 찾아내야 미래에 가질 직업을 떠올리며 고등 교육(대학)으로의 진학 방향(학과 선택), 직업 정보와 기초 지식을 탐색할 수 있다. 이후 진로 연계 학기를 통해 일반고, 특수목적고(과학고, 외국어고, 국제고, 예술/체육고, 마이스터고), 특성화고, 자율형 고등학교, 영재학교 등의 진학을 준비 및 결정하며 중등 교육 이후의 방향성을 정할 수 있다.

아래는 한국 고등학교의 종류와 특징이다.

① 일반고등학교

- 특징: 가장 많은 학생이 다니며, 중등 교육의 기초 위에 일반적인 교과 과정을 중심으로 대학 입시 교육을 제공함
- 세부 유형: 과학중점학교, 예술중점학교 등 특정 분야에 집중하는 중점학교도 일반고에 속함

② 특수목적고등학교(특목고)

- 특징: 특정 분야의 전문 인재 양성을 목표로 설립된 학교로, 과학고, 외국어고(외고), 국제고, 예술고, 체육고 등이 포함됨
- 세부 유형
    - 과학고: 과학 영재 육성
    - 외국어고/국제고: 외국어 및 국제 분야 전문가 양성
    - 예술/체육고: 예술 및 체육 특기자 육성
    - 마이스터고: 산업 수요 맞춤형 고등학교로, 특성화고 성격도 가짐

③ 특성화고등학교

- 특징: 특정 직업 분야에 대한 전문 기술 교육을 제공하며, 졸업 후 취업이나 전문대 진학을 목표로 함. 1, 2학년은 일반 과정, 2, 3학년은 전문 교과 중심
- 세부 유형: 미용, 조리, 항공 정비, 반도체, 소프트웨어 등 다양한 직업 교육을 실시하는 학교

④ 자율형 고등학교(자율고)

- 특징: 교육과정 운영, 학사 운영 등에서 자율성을 가지고 특화된 프로그램을 제공하는 학교
- 세부 유형
    - 자율형 사립고(자사고): 사립학교로서 건학 이념에 따라 교육과정 운영
    - 자율형 공립고(자공고): 공립학교지만 자율성을 부여받아 운영

⑤ 영재학교

- 특징: 특정 분야(과학, 수학 등)에 뛰어난 재능을 가진 학생들을 조기 발굴하여 심화 교육을 제공하는 학교 (특목고와는 별개로 운영)

중학교 교육과정은 아이들이 어린 시절 머물던 정원(초등)을 지나, 더 넓은 바다(고등학교와 사회)로 나가기 위한 자신만의 배를 건조하고 항해술을 익히는 곳과 같다. 자유학기를 통해 자신의 소질과 적성을 탐색하여 목적지를 찾은 후 진로 연계 학기를 통해 고등학교를 가기 위한 준비를 하는 교육과정으로 볼 수 있다.

1장 정리: 학교급별 교육과정 특징 및 탐구 역량 강화 체계

학교급	대상 학년	주요 교육 목표	핵심 교육 내용	탐구 활동 및 주도성 함양 방법	진로 및 상급 학교 연계
초등 학교	1, 2 학년군	학교생활 적응 및 기초·기본 교육 강화, 지식을 담는 '그릇'을 키우는 시기	국어(482시간), 수학(256시간), 통합교과(바른 생활, 슬기로운 생활, 즐거운 생활), 한글 해득 및 신체 활동 강화	탈학문적 주제 기반의 통합교과 중심 탐구, '지금-여기-우리 삶' 중심의 경험 및 조작 활동을 통한 기초 역량 함양	입학 초기 학교 적응 지원 및 진로 연계 교육을 통한 소질·적성 발견의 기초 형성
초등 학교	3, 4 학년군	본격적인 탐구력 습득 및 교과별 기초 지식 확장, 자신만의 생각을 정립하는 시기	국어(408시간), 사회/도덕(272시간), 수학(272시간), 과학(204시간), 영어(136시간) 등 개별 교과 학습 본격화	'학교 자율 시간' 운영을 통한 지역 특색 연계 탐구, 디지털 기초 소양 교육, 동네 밖 세상 탐험형 수업	통합교과에서 개별 교과로의 이행을 통한 학문적 탐구력 강화 및 지역 사회 연계 진로 탐색
초등 학교	5, 6 학년군	관심과 소질 파악을 통한 진로 활동 본격화 및 중학교 교육과정과의 연계 강화	실과(정보 포함) 신설, 국어(408시간), 수학(272시간), 과학/실과(340시간), 정보 교육 34시간 이상 확보	실과·정보 교육을 통한 AI 기초 탐구, 학교 자율 시간을 활용한 생태 환경 및 디지털 소양 등 특색 과목 운영	6학년 2학기 진로 연계 교육 운영, 중학교 생활 및 학습 준비, 다양한 직업 체험을 통한 진로 방향 설정
중학교	1, 3 학년군	자신의 적성과 소질에 따른 진로 탐색, 자기주도 학습 능력 및 미래 핵심 역량 강화	3개년 총 3,366시간 이수, 교과군(국어, 사회, 수학, 과학, 정보, 영어 등) 및 선택 교과 확대, 정보 교육 68시간 이상 권장	자유학기(102시간, 주제 선택/진로 탐색) 운영, 탐구 질문 중심 참여형 수업, 탐구-실행-성찰의 순환적 과정 적용	3학년 2학기 진로 연계 학기 운영, 고교학점제 이해 및 고등학교(일반/특목/특성화/자사고 등) 진학 준비

2장

탐구하며 정하는 진로 활동

자녀를 키우는 부모들의 가장 큰 관심사는 우리 아이는 어떤 관심과 소질을 갖고 있으며 어느 분야의 역량을 키워 진학을 하고 직업을 갖게 하여 안정적으로 살아갈 수 있는가이다.

모든 부모가 자녀가 안정된 직업으로 안정적인 수입을 갖고 안정적으로 살아가게 하고 싶기 때문에 다양한 체험을 시키고, 만약 적성과 소질을 발견하지 못한다면 공부라도 잘하도록 만들기 위해 학원을 보내고 학업 성적을 올리는 데 집중한다. 의대 열풍으로 볼 수 있듯, 부모들은 고수익의 안정적인 전문직종의 직업을 갖게 해 주고 싶은 마음이 클 것이다.

물론 의대나 전문직이 아니더라도, 초등 시절에 아이의 소질과 적성을 빠르게 발견한다면 그 분야를 갈 수 있는 역량에 중심을 두고 자녀를 키울 것이다.

유아, 초등 저학년 시기에는 그릇을 키울 수 있도록 부모와 함께 캠핑 등의 야외 활동, 가족 여행을 통한 넓은 세상을 보면서 3R을 통해 기초 기능을 강화하고 예체능 활동을 체험시키면서 아이의 소질을 살펴볼 수 있다. 그림도 그리고 악기도 연주하고 태권도나 놀이 활동을 통해 기초 체력과 문화적 기본 역량도 함께 갖출 수 있다.

오프라인 진로 체험

오프라인 직업 체험 활동을 통해 다양한 직업군에 대한 기초 정보를 체험하고 적성을 살펴볼 수 있는 기회가 있다. 이러한 기회를 활용해 아이의 소질과 적성을 살펴보면서 진로를 정해 볼 수 있다.

국내에는 다양한 직업 체험관이 있는데 대표적인 체험관이 고용노동부 산하 기관인 '한국잡월드'이다.

공공에서 운영하는 만큼 안전하고 이용 요금도 저렴하다. 어린이 체험관과 청소년 체험관으로 나누어져 유아와 초등 저학년은 어린이 체험관에서 체험할 수 있다. 초등 5학년부터 고등학교 3학년까지는 청소년 체험관을 이용할 수 있다.

어린이 체험관은 2026년 기준 42개실에서 55개 직종을 체험해 볼 수 있으며, 입장 시 화폐(50조이)가 제공된다. 조이를 제출해야 체험할 수 있는 체험실(피자 만들기 등), 조이를 지급받으며 체험하는 체험실이 있다.

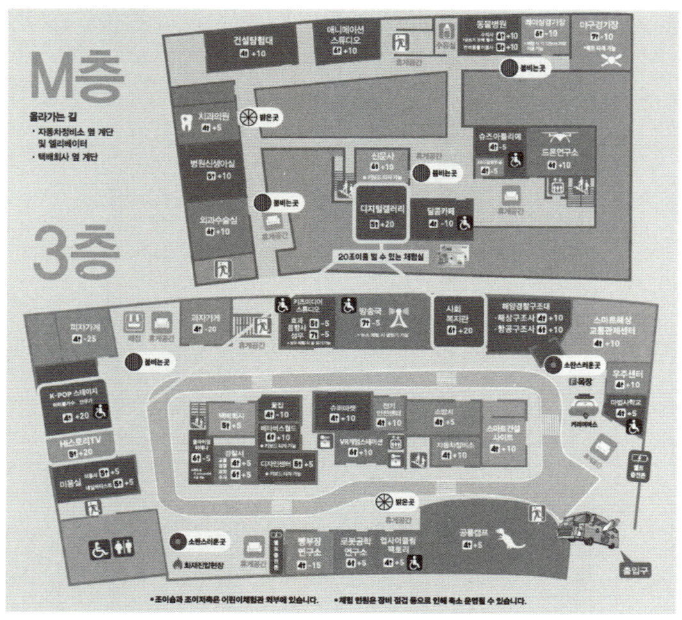

한국잡월드를 이용하면 자녀들이 다양한 직업을 체험하면서 아이의 적성과 소질을 다각도로 살펴볼 수 있다는 장점이 있으며, 고학년과 청소년 시기에는 청소년 체험관과 숙련 기술 체험관을 통해 구체적인 직업 체험이 가능하다. 미래직업관에서는 새로운 기술로 생겨나는 직업군을 체험하고 자신의 미래를 설계할 수 있도록 구성되어 있다.

그림 4 한국잡월드의 숙련 기술체험관(출처: 한국잡월드)

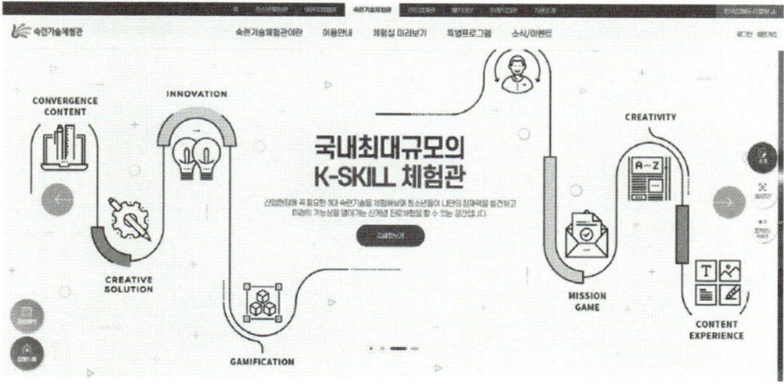

그림 5 한국잡월드의 미래직업관(출처: 한국잡월드)

그림 6 한국잡월드의 진로 설계관(출처: 한국잡월드)

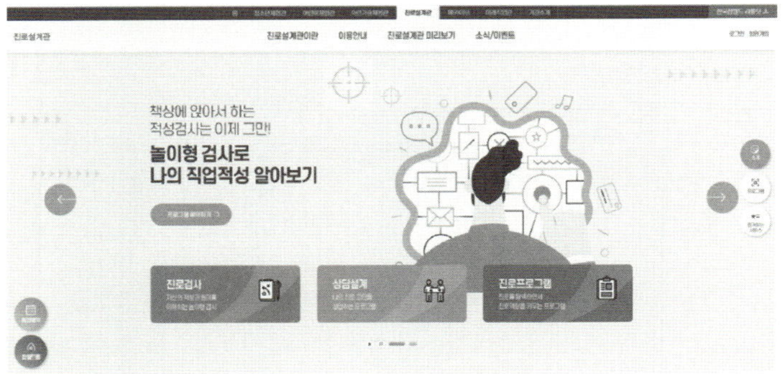

민간에서 운영하는 진로 체험 테마파크는 키자니아가 있다.

그림 7 키자니아 홈페이지(https://www.kidzania.co.kr)

키자니아는 서울 롯데월드와 부산 센텀시티에 위치하고 있
으며 민간에서 운영하기에 잡월드에 비해 다소 비용 부담이
있다.

그림 8 키자니아 입장 요금(2026년 기준) (출처: 키자니아)

키자니아 입장권 안내

상품명	반일권		종일권
	1부	2부	종일권
어린이 (36개월 이상~중학교 3학년 이하)	52,000원	42,000원	67,000원
보호자(17세 이상)	20,000원	17,000원	20,000원
3시간제 티켓	어린이 27,000원 / 성인 12,000원 1부 11시 30분 이후 입장 2부 16시 이후 입장 (할인불가 상품)		

키자니아는 민간 운영으로 실제 시장에서 판매 중인 상품
이름으로 체험할 수 있는 체험관이며, 상품의 기업들이 파트

너사로 참여해 운영하고 있다.

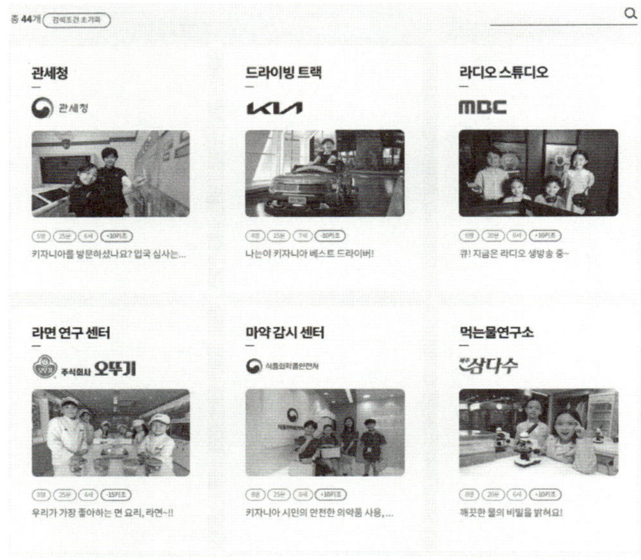

그림 9 키자니아 체험관 예시(출처: 키자니아)

전남 화순에는 진로 체험 인증 기관인, 키즈라라 어린이 테마파크에서 진로 체험을 할 수 있다.

그림 10 키즈라라 홈페이지(https://www.kidslala.co.kr)

오프라인 직업 체험관은 자녀들이 직업에 대해 경험하고 스스로의 적성과 흥미를 찾을 수 있다는 장점이 있으나 수도권과 부산, 호남권에 위치하여 타 지역 어린이들이 쉽게 접근하지 못하는 아쉬움이 존재하고 있다.

다음은 키자니아와 한국잡월드를 비교 분석한 표다. 키즈라라는 규모가 작아 비교 대상에서 제외하였다.

키자니아와 한국잡월드 비교 분석

기관명	위치	대상 연령	주요 체험 직종	이용 요금	운영 시간	특징 및 장점
키자니아	서울특별시 송파구 올림픽로 240 (롯데월드몰 내) /부산광역시 해운대구 센텀4로 15 (센텀시티몰)	36개월 이상~ 중학생 (만 3세~ 15세)	승무원 교육센터, 운전면허시험장, 소방서, 경찰서, 버거 연구소, 병원(수술실, 신생아실), 법조인, 앱 개발자 등 70~90여 개 직종	1부: 어린이 52,000원, 보호자 20,000원 / 2부: 어린이 42,000원, 보호자 17,000원 / 종일권: 어린이 67,000원, 보호자 20,000원 / 3시간제: 어린이 27,000원, 보호자 12,000원	매일 10:00~ 19:30 (1부 10:00 ~15:00, 2부 15:00 ~19:30), 연중무휴	-사전 예약 필수 -전용 화폐 키조(KidZo) 사용으로 경제 교육 가능/실제 기업 참여로 높은 현실감 제공 -타임 티켓(4,000원)으로 체험 대기 시간 단축 가능 -'스스로 키자니아' 프로그램 운영
한국잡월드	경기도 성남시 분당구 분당수서로 501	어린이관: 만 4세~초등 4학년 / 청소년관: 초등 5학년~고등 3학년	소방서, 경찰서, 방송국, 피자 가게, 과자 가게, K-POP 스테이지, 해양경찰 구조대, 드론 개발자, 로봇 개발자 등 41~54개 직종	어린이관(1회차): 어린이 18,000원 (평일할인시 12,000원등), 보호자 9,000원 / 종일권: 어린이 33,000원, 보호자 14,000원 / 청소년관: 1개 직종당 9,000원 (주말 10,000원)	월~토 09:30 ~18:30 (1부 09:30~13:30, 2부 14:30~18:30), 매주 일요일 정기 휴무	-고용노동부 산하 공공기관 운영으로 가성비 우수 -전용 화폐 조이(JOY) 사용(저금 시 10조이 이자 혜택) -진로설계관 및 숙련기술 체험관 연계 가능 -온라인 사전 예약 권장

온라인 직업 체험 및 커리어 관리

오프라인 진로 체험을 누구나 할 수 있다면 좋지만 지리, 지역적 특징으로 체험하지 못하는 경우가 있다. 이때는 온라인으로 진로 검사와 상담을 병행하면서, 조금씩 오프라인 진로 체험을 채워 누적 관리할 수 있으면 체계적인 진로 관리가 가능하다.

교육부가 지원하는 한국직업능력연구원의 국가진로교육센터가 운영하는 '커리어넷'을 대표적인 온라인 공공 진로 교육으로 소개할 수 있다.

유아, 초등학생들은 '주니어커리어넷'을 통해 자신을 알아

보고 진로 정보에 대한 탐색을 할 수 있으며 진로 고민도 상담할 수 있다. 가입 없이도 이용할 수 있지만, 가입을 통해 계정을 만들어 관리하면 자녀의 진로 흥미의 변화도 기록이 되며 커리어넷과 연계되어 지속적인 흥미와 적성, 진로 탐색이 가능해진다.

그림 11 주니어커리어넷 홈페이지(https://www.career.go.kr)

주니어커리어넷을 통한 초등학생 진로 탐색 및 설계 가이
드는 다음과 같다.

진로 정보망 주니어커리어넷의 주요 내용과 활용 방안을
살펴보면, 주니어커리어넷은 초등학생 시기를 성인이 되기
전 진로 탐색과 선택을 위한 기초를 다지는 중요한 시기로 정
의한다. 또한 '나진로'라는 가상 캐릭터가 고민을 해결하는
과정을 통해 체계적인 진로 교육 콘텐츠를 제공하고 있다.

주니어커리어넷을 이용하기 전, 아래의 핵심 사항을 알고 있으면 좋다.

- 자기 이해의 우선순위: 직업을 선택하기 전, 자신의 흥미와 적성을 파악하는 것이 진로 설계의 출발점이다.
- 과학적 탐색 도구 활용: 홀랜드(Holland) 직업성격유형 이론에 기반한 고학년 진로흥미탐색과 세 가지 진로 카드를 통해 다각적인 자기 분석이 가능하다.
- 미래 직업 세계로의 확장: 변화하는 미래 사회 트렌드를 반영한 직업 정보를 제공하여 학생들이 미래지향적인 진로 비전을 가질 수 있도록 돕는다.
- 부모의 역할 강조: 자녀의 흥미와 특성이 시기에 따라 변한다는 점을 이해하고, 대화와 기록을 통해 깊이 있는 자기 이해를 돕는 부모의 동반자적 역할이 중요하다.

① 주니어커리어넷 개요 및 구성

주니어커리어넷은 초등학생과 학부모를 대상으로 하는 진로 정보 플랫폼으로, 학생들이 스스로 꿈을 찾고 구체적인 직업 정보를 탐색할 수 있도록 대화형 가이드와 다양한 교육 콘텐츠를 제공한다.

아래는 진로 찾기 여행의 4단계 구조이다.

- PART 1 (나에 대해 알고 싶어요!): 자아 이해 및 사회적 역량 개발
- PART 2 (직업 세계로 떠나 볼까요?): 일과 직업 세계의 이해
- PART 3 (체험하며 찾는 진로): 진로 탐색 및 현장 경험
- PART 4 (내가 만드는 나의 진로): 진로 디자인 및 준비

② 심층 분석: 자기 이해 및 흥미 탐색 (PART 1)

진로 탐색의 핵심은 학생이 무엇을 좋아하고 잘하는지 파악하는 것이다. 주니어커리어넷은 이를 위해 고학년 진로흥미탐색 도구를 제공하고 있다.

- 고학년 진로 흥미 탐색
    - 검사 구성: 총 48개의 문항으로 구성되어 있으며, 각 활동에 대한 선호도를 점수로 체크할 수 있다.
    - 이론적 배경: 미국의 심리학자 홀랜드(Holland)의 직업성격유형 이론에 따라 6가지 유형으로 분류하고 있다.
    R(현실형): 현실 감각, 신체 능력, 기계적 능력

I(탐구형): 논리성, 합리성, 분석 능력

A(예술형): 예술성, 창의성, 표현 능력

S(사회형): 사회성, 배려, 대인관계 능력

E(진취형): 리더십, 설득력, 도전 정신

C(관습형): 책임감, 계획성, 성실성

- 결과 해석: 육각형 모양의 크기와 형태에 따라 '모든 분야 높은 흥미', '특정 분야 높은 흥미' 등으로 해석하며, 유형별 추천 직업과 학습 습관을 제안하고 있다.

• 주니어 진로 카드를 활용한 심화 탐색: 진로 카드는 키워드 중심의 활동을 통해 미래 직업 트렌드와 가치관을 확인하게 한다.

　-알쏭달쏭 카드 (미래 직업 트렌드): 빅데이터, 글로벌화, AI 등 미래 사회 변화와 관련된 직업적 특징을 학습할 수 있다.

　-반짝반짝 카드(진로 가치): 진로 선택 시 중요하게 생각하는 가치(예: 성장, 가족 등)를 우선순위에 따라 정렬하여 자신의 가치관을 확인한다.

　-으쓱으쓱 카드(진로 효능감): 꿈을 이루기 위해 필요한 능력(예: 스스로 선택 등)을 파악하여 진로 준비 역

량을 점검한다.

③ 미래 직업 정보 및 진로 디자인 (PART 2~4)

• 변화하는 직업 세계의 이해: 미래 사회에서 주목받을 직
  업 테마를 선정하여 상세한 정보를 제공하고 있다.

  – 정보 제공 방식: 직업별 업무 내용, 필요한 적성 및
    흥미, 해당 직업을 갖기 위한 구체적인 방법 등을 안
    내한다.

  – 주요 대상: 기존의 친숙한 직업 외에도 GIS 전문가,
    디지털 장의사, 빅데이터 전문가 등 신직업군을 포
    함한다.

• 진로 활동 및 상담

  – 체험 활동: YEEP(청소년 기업가 정신 교육), 꿈길, 원격영
    상 진로 멘토링 등 외부 기관과 연계된 진로 체험 기
    회를 안내하고 있다.

  – 진로 상담: 전문가 상담을 통해 개별적인 진로 고민
    을 해결하고, 나만의 진로를 주도적으로 설계(진로 디
    자인)할 수 있도록 지원한다.

④ 학부모를 위한 진로 지도 가이드: 초등학생의 진로 발

달 특성상 학부모의 세심한 관찰과 지원이 필수적이다.

-가변성 인정: 초등학생은 진로 발달 과정에 있으므로 흥미와 특성이 계속 변할 수 있음을 인지해야 한다.

-심화 탐색 지원: 흥미 탐색 결과에서 추천된 직업 중 자녀가 관심 있는 3~4개에 대해 전망과 필요 지식을 함께 찾아보는 과정이 권장된다.

-대화와 기록: 자녀가 좋아하는 일과 잘하는 일의 목록을 작성하게 함으로써 자기 이해를 돕고, 관심사의 변화 양상을 대화의 소재로 활용해야 한다.

-외부 자원 활용: 시도교육청 홈페이지 및 지역 진로교육센터의 전문 상담원을 통해 보다 전문적인 정보를 얻을 수 있다.

⑤ 결론 및 제언

주니어커리어넷은 단순한 정보 제공을 넘어, 학생들이 스스로를 탐색하고 미래 사회에 유연하게 대응할 기초 역량을 길러 주는 종합 플랫폼이다. 홀랜드 유형 분석과 진로 카드를 통한 다각적 접근은 학생들이 막연한 꿈을 구체적인 진로 목표로 발전시키는 데 효과적인 도구가 되며 향후 학생들은 이러한 탐색 결과를 바탕으로 다양한 직업인의 이야기를 경청

하고 정보를 능동적으로 수집함으로써, 자신의 진로 선택에
대한 확신과 용기를 얻게 될 것이다.

AI 분석으로 관심·적성 파악하기

AI가 발달하면서 자녀의 데이터를 기반으로 검사를 통해 성향과 적성, 진로를 분석해 주는 민간 서비스들이 생기고 있다. 이런 민간 서비스는 최신 기술을 적용한 주기적인 검사를 통해 자녀의 변화를 관찰하는 데 도움이 될 수 있다.

대표적인 민간 서비스로 메나비를 예시로 살펴볼 수 있다.

메나비 서비스는 두 가지 측면으로 접근할 수 있다.

첫 번째, 사람은 누구나 다 타고난 능력을 하나쯤은 가지고 태어났다. 하지만 수많은 환경 변수로 인해 그것을 찾기가 매우 힘들다.

두 번째, 사람은 누구나 다 무언가를 이해하고 배울 때 자신만의 방법을 가지고 있다.

메나비 검사의 활용법과 검사에 대한 안내는 아래와 같다.

회원 가입만으로 기본 무료 검사가 가능하며 무료로 간단한 내용을 알려 준다. 자세한 리포트는 저렴한 비용으로 확인이 가능하기에 큰 부담 없이 자녀의 성향과 소질, 적성을 알

수 있으며 유아부터 청소년, 성인까지 연령에 맞는 검사를 제
공해 주고 있다.

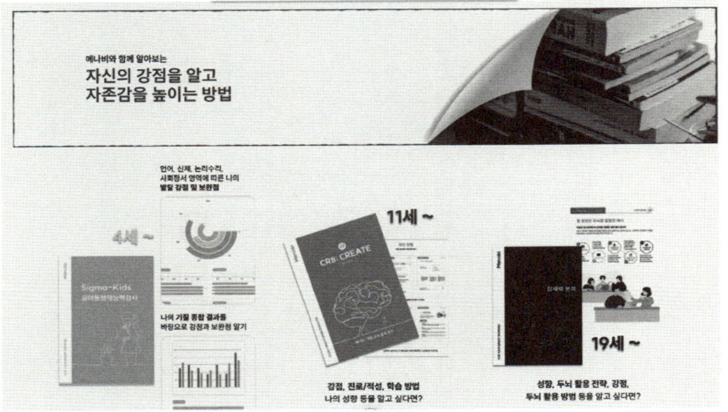

단순 검사 뿐 아니라 뇌파를 통한 뇌 건강 검사와 검사 결
과를 바탕으로 한 뇌 건강 솔루션을 통해 뇌의 발달을 촉진할
수 있는 방법을 찾아 주는 검사가 제공된다.

그림 15 메나비 특징(출처: 메나비)

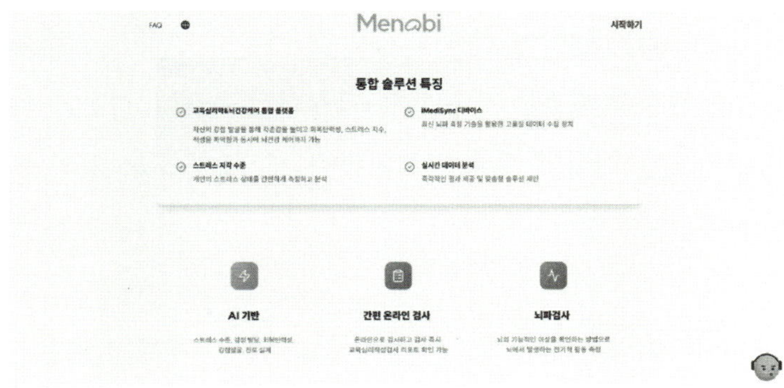

메나비 검사 가이드는 아래와 같다.

① 우리 아이의 잠재력을 발견하자

초등 교육 단계는 아동의 인지적 성숙과 정서적 분화가 급격히 진행되며, 발달적 가소성이 극대화되는 '임계기(Critical Period)'이다. 이 시기에 아동이 보유한 고유한 가능성을 조기에 식별하고 이를 정밀하게 육성하는 것은 향후 중장기적 학습 궤적과 자아 정체성 확립을 결정짓는 핵심적인 전략적 과업으로 볼 수 있다.

그러나 전통적인 교육 현장은 제한된 대면 시간과 주관적인 판단에 의존함으로써, 겉으로 드러난 학업 성취도 이면의 '잠재력'을 간과하는 경향이 있다. 20년 경력의 베테랑 교육

자라 할지라도 인간 고유의 인지적 편향에서 완전히 자유로울 수는 없다. 데이터 분석에 기반한 메나비 검사는 이러한 주관적 관찰의 한계를 극복하고, 가시화되지 않은 아동의 역량을 정교한 데이터 수치로 치환하여 제시하는 혁신적인 분석 솔루션으로 볼 수 있다.

② 메나비 검사의 핵심 강점: 데이터 기반의 객관적 통찰

메나비 검사의 변별력은 단순히 정답률을 집계하는 수준을 넘어, 아동의 비인지적 역량과 잠재적 성향을 다각도로 분석하는 알고리즘으로 작동한다. 아동의 응답 반응 시차(Response Latency), 선택의 일관성, 문항 간 상관 계수를 정밀하게 분석하여, 단순한 학습 결괏값이 아닌 '학습 잠재력의 구조'를 수치화하고 있다. 이러한 데이터 기반의 접근은 교육자의 직관이 닿지 않는 심층적인 영역까지 객관적으로 가시화할 수 있다.

항목	기존 관찰 방식	메나비 데이터 분석 방식
데이터 추출 원천	지도자의 경험, 직관 및 단편적 행동	행동 패턴, 반응 시차, 문항 간 상관 계수
객관성 및 확장성	관찰자의 가치관에 따라 주관적 변동 발생	표준화된 알고리즘을 통한 전수 데이터 분석
편향 통제	후광 효과 및 고정 관념에 노출될 위험	데이터 검증을 통한 인지적 편향 원천 차단
결과의 도출 방식	추상적 서술 및 포괄적 피드백	잠재력 영역별 가시적 지표 및 수치 제공

이와 같은 분석적 강점은 교사와 학부모가 아동을 바라보는 관점을 '현재의 성취'에서 '미래의 가능성'으로 전환하며, 단순한 진단을 넘어 확장성 있는 교육적 설계의 근거로 아이의 성향과 가능성을 객관화할 수 있다.

③ 초등학생을 위한 메나비 검사 활용 전략

메나비 검사가 도출한 데이터는 일상 속 학습 환경과 생활 지도에 통합될 때 비로소 그 전략적 가치를 발휘할 수 있다. 분석 결과를 행동 변화의 동력으로 전환하기 위한 단계별 로드맵은 다음과 같다.

- 개인별 맞춤형 활용 시나리오

  - 비인지 역량 기반의 강점 강화: 데이터가 지목한 숨은 강점 영역을 우선적으로 자극하는 활동을 배치한다. 이는 아동이 자신의 재능을 실질적인 성취로 확인하게 하여, 특정 과목에서 겪을 수 있는 '학습된 무력감'을 조기에 해소하는 심리적 기제로 작용한다.
  - 인지 부하 최적화를 위한 학습 설계: 아동의 반응 패턴에 근거하여 학습 습관을 교정할 수 있다. 데이터에 기반하여 아동의 인지적 선호에 맞는 과제 수행 방식을 제안함으로써, 학습 과정에서 인지 부하(Cognitive Load)를 감소시키고 최소한의 피로도로 마스터리(Mastery)에 도달하게 한다.

- 실행 가이드: 데이터 분석 결과를 행동 변화로 전환하는 3단계

  - 데이터 기반 강점 영역의 가시화 및 확정
  : 추출된 잠재력을 학생과 공유하여 자신의 고유한 역량을 객관적으로 인지하게 한다. 이는 학생이 자신의 가능성을 신뢰하게 함으로써 자기효능감을 높이고, 외부적 보상 없이도 학습을 지속하는 자기주도적 동

기를 유발한다.

- 도출된 지표에 최적화된 학습 환경 조성

: 분석 데이터가 지시하는 최적의 난이도와 활동 유형을 학습 환경에 적용한다. 이는 불필요한 시행착오를 줄여 학습 효율성을 극대화하며, 아동이 몰입 경험을 반복하여 잠재력이 실제 역량으로 발현되는 속도를 가속화 한다.

- 지속적인 데이터 모니터링을 통한 라벨링 편향 방지

: 성장에 따라 변화하는 데이터를 지속적으로 추적하여 지도 전략을 갱신한다. 이는 특정 시점의 결과로 아동을 규정짓는 '라벨링 편향(Labeling Bias)'을 방지하며, 아동의 발달 궤적에 맞춰 교육 전략이 유연하게 진화하도록 보장한다.

메나비 검사는 초등학생의 현재 상태를 단순 기록하는 도구를 넘어, 데이터라는 렌즈를 통해 아동의 미래를 조망하는 '데이터 기반 맞춤형 교육 설계도'이다.

본 검사를 통해 식별된 잠재력은 아동이 복잡한 미래 사회에서 자신만의 경쟁력을 확보하며 성장할 수 있도록 돕는 정밀한 나침반이 된다. 주관적 추측이 아닌 과학적 데이터에 근

거한 잠재력 발굴은 교육의 효율성을 극대화하고 아동 개개
인의 자아실현 가능성을 높이는 필수적인 과정이다. 메나비
는 자녀의 가능성을 실제 역량으로 치환하는 가장 강력한 전
략적 파트너로서, 데이터 분석을 통한 미래 교육의 새로운 표
준을 제시할 수 있다.

　현재 존재하는 대다수의 역량 검사와 진로 탐색 도구는 아
동이 어떤 능력을 보유하고 있는지를 식별하는 데 초점을 두
는 경우가 많고, 이는 향후 진로 방향이나 직업군을 탐색하는
데 유의미한 단서를 제공하고 있다. 하지만 학습 그 자체의
효율성이라는 관점에서는 중요한 질문 하나를 생각해 볼 수
있다.
　메나비 검사는 '타고난 능력'을 '타고난 이해도'라고 새롭
게 정의하여 남들보다 무언가를 빠르게 배우는 이해도를 가
지고 있다면, 그것을 그 분야에 대해 타고난 능력을 갖추고
있다고 판단한다.
　한마디로, '타고난 능력'은 곧 '이해 방식의 구조'라고 정의
하며 특정 영역에서 높은 역량을 보인다는 것은 단순히 재능
이 있다는 의미를 넘어, 그 영역을 가장 낮은 인지 부하로 이
해할 수 있는 사고 경로를 이미 갖추었다는 뜻으로 해석하고

있다.

예를 들어,

수리적 사고력이 높은 사람은 추상 개념을 구조와 규칙으로 이해하는 데 강점이 있다.

음악적 사고력이 뛰어난 사람은 리듬, 패턴, 정서적 흐름을 통해 개념을 통합하는 데 강점이 있다.

신체 및 운동 감각이 발달한 사람은 행동과 경험을 통해 의미를 내면화하는 강점이 있다.

메나비의 분석 툴은 결국 '교육 방법 설계의 기초 도구'라 볼 수 있다. 메나비의 검사 목적이 특정 능력을 하나의 라벨로 고정하지 않고, 오히려 그 능력을 다른 학습 영역으로 확장시키기 위한 최적의 교육 방법을 설계하는 데 있다.

예를 들어,

수리적 이해도가 높은 사람은 숫자,패턴,비율을 매개로 음악,과학,심지어 언어 개념까지도 빠르게 습득할 수 있다.

음악적 사고력이 뛰어난 사람은 음의 높낮이, 리듬, 반복 구조를 활용해 수학적 개념을 직관적으로 이해할 수 있다.

신체 및 운동 감각이 발달한 사람은 언어 학습조차도 동작, 놀이, 역할 수행을 통해 훨씬 깊이 있게 내면화한다.

같은 수학, 언어, 과학이라도 가르치는 방식이 달라질 때 학습 속도와 이해 깊이는 완전히 달라지고, 메나비는 이 지점을 정밀하게 겨냥하고 있다. 이러한 부분은 사람의 주요 이해 경로와 직접적으로 연관이 되고, 해외에서는 'Main Cognitive Channel(메인 인지 채널)'이라고 표현하기도 한다. 그래서 메나비의 궁극적 목적은 아이를 특정 능력을 찾아 주는 것이 첫 번째 목적이며 두 번째로는 특정 능력에 대해 미래를 규정하지 않고, 가장 자연스럽게 이해할 수 있는 방식을 찾아내는 것이다. 그 과정에서 특정 능력들에 대한 수치들이 나오게 되지만, 오히려 그 수치들은 특정 능력의 조합으로 어떠한 이해 방식을 가지고 있는지 찾아내는 힌트에 가깝다고 생각한다.

3장

우리 아이, 어떤 주제로
탐구해야 할까?

탐구 주제와 핵심 아이디어

탐구력이 중요하다는 점을 알고 진로 탐색을 해 봤다면 구체적인 탐구 주제를 선정하는 방법이 중요하다.

각 교과에서 '핵심 아이디어(Key Idea)'를 살펴보면 해당 영역의 학습을 통해 학생들이 궁극적으로 도달해야 하는 본질적인 원리나 일반화된 지식을 문장 형태로 진술한 것을 쉽게 파악할 수 있다.

이 핵심 아이디어가 교육과정 내에서 가지는 구체적인 의미와 역할은 다음과 같다.

① '깊이 있는 학습'을 위한 토대와 초점 제공

핵심 아이디어는 단편적인 지식 암기에서 벗어나 학생들이 무엇에 집중해야 하는지 학습 초점을 부여한다. 이는 소수의 핵심 내용을 깊게 파고들어 지식의 본질을 이해하게 함으로써 '깊이 있는 학습'이 가능하도록 돕는 토대가 된다.

② 내용 체계의 '핵심 조직자'

핵심 아이디어는 내용 체계를 구성하는 지식·이해, 과정·기능, 가치·태도라는 세 가지 범주를 유기적으로 연결하고 통합하는 상위 조직자 역할을 한다. 교사는 이 핵심 아이디어를 기준 삼아 학생들이 습득해야 할 세부 내용 요소들을 구조화하고 수업을 설계하도록 되어 있다.

③ '학습의 전이'를 가능하게 하는 기제

핵심 아이디어는 특정 상황이나 맥락을 초월하여 보편적으로 적용될 수 있는 일반화된 내용을 담고 있다. 따라서 학생이 이를 제대로 이해하면 학교에서 배운 내용을 새로운 상황이나 실제 삶의 맥락으로 연결하고 응용하는 '전이(Transfer)' 능력을 갖출 수 있게 된다.

④ 교과 내 및 교과 간 연계와 통합의 출발점

핵심 아이디어는 개별 교과의 구체적 사실에만 국한되지 않고, 여러 교과를 관통하는 일반적인 아이디어를 제시할 수 있다. 이를 통해 학생들은 단절된 지식을 배우는 것이 아니라, 교과 간의 공통 개념을 연결하여 통합적으로 사고하고 복합적인 문제를 해결하는 능력을 키우게 된다.

⑤ 학교급별 발달 단계에 따른 체계성 유지

핵심 아이디어는 초등학교부터 고등학교까지 연속성과 위계성을 가지고 있다. 동일한 핵심 아이디어라 하더라도 학생의 발달 단계에 따라 학습 경험의 폭과 이해의 깊이가 점진적으로 확장되도록 설계되어 있어, 학생이 성장함에 따라 더 고도화된 탐구를 수행할 수 있게 한다.

핵심 아이디어는 밤하늘에 흩어진 수많은 별(단편적 지식)들을 하나의 별자리로 만들어 주는 '보이지 않는 선'이자, 그 별자리가 무엇을 의미하는지 알려 주는 '해설'과 같다. 별들만 보면 길을 잃기 쉽지만, 별자리(핵심 아이디어)를 이해하게 되면 그 별자리를 이정표 삼아 미지의 바다(새로운 상황이나 삶의 문제)에서도 길을 찾아 항해할 수 있게 되는 원리와 같다.

주제 탐구 활동의 주제 선정과 절차

주제 탐구 활동 중에서 제일 중요한 것은 우선 주제를 선정하는 것이다. 주제를 정하는 것은 대부분 학생이 가장 어려워하지만 최대한 매력적인 주제를 정하는 것이 탐구 활동의 첫 번째 포인트다. 초등 시기에는 자신이 관심 있는 내용을 주제로 선정하면서 주제 탐구에 대해 익숙해져야 한다.

주제를 선정한 후에는 심화 탐구 활동을 수행하여 주제 탐구 보고서를 작성해야 한다. 이렇게 완성된 주제 탐구 보고서를 발표하는 과정도 꼭 필요하다. 발표로 내용을 다시 점검하고 질의응답 등으로 최종 보고서를 수정해야 완성도를 높일 수 있다. 발표를 통해 내용을 숙지하고 자신의 지식을 만들어 가는 과정을 거치면 향후 탐구 발표 및 자신의 이야기를 조리 있게 설득할 수 있기 때문에, 지식을 내재화하는 발표 과정은 필수적이라고 할 수 있다.

이 때문에 탐구 과정과 절차는 ① 심화 탐구 주제 선정 ② 심화 탐구 활동 수행 및 보고서 작성 ③ 주제 탐구 보고서 작성 ④ 발표 PPT 구성 및 개인별(모둠별) 발표로 진행하는 것이 좋다.

제일 중요한 '주제 선정' 과정을 구체적으로 살펴보자. 좋은 주제를 선정하려면 우선 교과에서 배운 내용을 확인해야 한다. 도서, 신문 기사, 웹 검색 등의 소스를 활용해도 된다.

탐구 주제는 개인적으로 정할 수도 있고 팀 활동을 통해 모둠에서 정할 수도 있다. 최근 창의적 체험 활동에 기록되는 주제 탐구가 지나치게 개인화됨에 따라 대학들은 모둠 활동을 통해 드러나는 학생의 리더십이나 협업 능력에도 주목하는 추세다. 또 학술적인 내용으로 심화된 탐구를 요구하는 주제 탐구 활동은 처음부터 혼자 수행하기 어려운 경우가 많다. 따라서 주제 탐구 활동은 모둠 활동에서 시작해 개인 활동으로 연계되거나 확장되는 것이 가장 바람직하다.

자신이 관심 있는 주제를 최종 선택할 때는 다양한 학술 사이트를 검색하면서 참고할 만한 자료가 충분한지 확인해야 한다. 매력적인 주제라 하더라도 자료가 충분하지 않으면 탐구가 어렵기 때문이다. 또 신문 기사나 학술 자료로 잘 검색되지 않는 주제는 너무 최신 내용이라 선행 연구가 없거나 연구할 가치가 없는 경우가 많아 주제로 적합하지 않을 수 있다.
주제를 선정한 뒤 구체적으로 탐구를 진행하는 과정에서 무엇을 어떤 순서로 해야 하는지 몰라 허둥대는 경우가 많다. 일반적으로 탐구 주제를 선정한 뒤에는 주제 선정의 동기와 탐구 목적 필요성, 탐구 방법 및 과정, 예상되는 탐구 결과 등을 정리하는 과정이 먼저 이루어져야 한다.

탐구 활동에서 가장 중요한 것은 시작이 교과 기반 활동에서 시작해야 하고, 자기주도적 문제 해결 능력을 보여 줘야 한다는 것이다. 이를 위해 최대한 다양한 매체를 활용하고 많은 자료를 수집해야 한다. 결과물보다 여러 자료를 읽으면서 자신이 선정한 주제의 배경지식을 확장하는 과정이 더 중요하다. 또한 모둠 활동에서 자신의 역할을 정하고 팀원들과 소통하는 과정도 간과해서는 안 된다. 마지막으로 제한된 시간 안에 결과물을 내야 하기 때문에 최대한 집중력을 발휘해야 한다.

사회나 과학 교과는 배워야 할 지식이나 내용 요소가 매우 구체적으로 제시되어 있으니 주제를 선정하는 단계에서 반드시 참고하도록 하자.

무엇보다 가장 중요한 것은 주제 탐구 활동을 즐기는 것이다. 자신이 관심 있는 분야의 주제를 깊이 파고드는 과정은 매우 흥미롭다.

탐구 활동을 통해 관심 있는 분야의 새로운 지식을 얻게 되는 즐거움을 느끼다 보면 수업 시간에도 자연스럽게 집중하게 될 것이다.

선생님의 말씀에서 몰랐던 내용을 알게 되거나 계속 탐구해 나갈 수 있는 키워드를 얻게 되기 때문이다. 자신과 관심이 비슷한 친구들과 함께 주제를 탐구하며 협업의 즐거움과 탐구의 즐거움을 느껴 보자.

초중고 핵심 아이디어(탐구 주제)와 성취 기준

과목	학교급/학년	학급 주제	핵심 아이디어	성취 기준	탐구 질문 (사실적/개념적/논쟁적)	평가 과제 및 방법	주요 교수·학습 활동
바른생활	초등학교 1~2학년	학교생활 습관과 학습 습관 형성	우리는 내가 누구인지 생각하며 생활한다. 우리는 서로 관계를 맺으며 생활한다.	2바01-01 학교생활 습관과 학습 습관을 형성하여 안전하고 건강하게 생활한다.	사실적: 학교에서 지켜야 할 규칙은 무엇인가? 개념적: 왜 학교생활 습관이 중요한가? 논쟁적: 규칙이 없는 학교는 더 행복할까?	생활 습관 및 학습 습관 형성과 관련하여 규칙과 약속을 정하고 스스로 정한 규칙을 실천하는지 관찰 및 서술형 평가	초등학교 적응 활동, 생활 안전 및 교통 안전 교육 연계, 실천 경험 중심의 활동(주제 만나기-학습하기-마무리하기)
수학	초등학교 1~2학년	네 자리 이하의 수 이해	사물의 양은 자연수, 분수, 소수 등으로 표현되며, 수는 자연수에서 정수, 유리수, 실수로 확장된다.	2수01-02 일, 십, 백, 천의 자릿값과 위치적 기수법을 이해하고, 네 자리 이하의 수를 읽고 쓸 수 있다.	사실적: 10이 10개이면 얼마인가? 개념적: 숫자의 위치가 바뀌면 수의 크기는 어떻게 변하는가? 논쟁적: 우리 삶에서 숫자가 사라진다면 어떤 일이 벌어질까?	네 자리 이하의 수 읽기 및 쓰기, 자릿값 이해도 측정, 수의 크기 비교 방법 설명하기	10개씩 묶음과 낱개 활동을 통한 위치적 기수법 기초 형성, 실생활 수 사용 사례 찾기, 수의 계열 이해 활동
사회	초등학교 3~4학년	우리가 사는 곳의 장소감과 환경	장소는 다른 장소와 차별되는 자연적·인문적 성격을 지니며, 특정 장소에 따른 장소감은 개인이나 집단에 따라 다양하다.	4사01-01 주변 여러 장소에서의 경험과 느낌을 다양한 방식으로 표현하고, 장소감을 나누며 서로 존중하는 태도를 지닌다.	사실적: 우리 지역의 주요 장소는 어디인가? 개념적: 사람마다 같은 장소에 대해 왜 다른 느낌을 가질까? 논쟁적: 살기 좋은 곳의 기준은 모두에게 동일한가?	장소감을 심상지도 등으로 표현하고 공유하는 과정에서의 의사소통 능력 및 태도 평가	주변 장소 탐색, 디지털 영상지도 및 사진 활용, 장소 경험 공유 및 장소감의 차이 이해하기

과목	학교급/학년	학급 주제	핵심 아이디어	성취 기준	탐구 질문 (사실적/개념적/논쟁적)	평가 과제 및 방법	주요 교수·학습 활동
도덕	초등학교 3~4학년	정직한 생활과 자기 존중	성실은 도덕적 가치와 덕목을 일관되게 추구하도록 하여 도덕적 삶으로 이끈다.	4도01-02 정직의 의미를 알고 모범적인 사례를 탐색하여 바르게 행동하려는 태도를 기른다.	사실적: 정직하게 행동한 사람의 사례는 무엇이 있는가? 개념적: 정직한 행동이 왜 나 자신을 소중히 여기는 것인가? 논쟁적: 다른 사람을 돕기 위한 거짓말은 정당한가?	일상생활 속 정직 실천 사례 탐구, 자기 보고 및 성찰 일지, 도덕적 판단의 정당화 서술형 평가	도덕 이야기 및 딜레마 토론, 역할 놀이 학습, 정직 실천 계획 수립 및 반성 활동
사회, 국어, 과학, 창체	초등학교 4학년	변화하는 일상, 새롭게 나아가기	우리 사회는 급격한 사회 변동과 다양한 사회 문제를 경험하고 있으며, 이에 대응하기 위해서는 시민의 역할이 중요하다.	4사03-01 최근 사회 변화의 양상과 특징을 파악하고, 그로 인해 나타난 생활 모습의 변화를 탐색한다.	사실적: 저출생·고령화와 기후 변화의 양상은 어떠한가요? 개념적: 정보화와 세계화로 인해 생활 모습은 어떻게 달라지나요? 논쟁적: 지속 가능한 지구를 위해 우리는 무엇을 해야 할까요?	현대 사회 변화가 일상생활에 미치는 영향을 분석하는 보고서 작성 및 발표	이미지와 통계 자료를 통한 사회 변화 흔적 찾기, 모둠별 주제 조사 및 실천 방안(캠페인 등) 기획, 성찰 활동
과학	초등학교 5~6학년	우리 몸의 구조와 기능	생물은 세포로 이루어져 있고, 여러 구성 단계가 유기적으로 연관되어 있으며, 조화로운 작용을 통해 건강한 몸을 유지한다.	6과04-02 소화, 순환, 호흡, 배설 기관의 구조와 기능을 알아보고, 우리 몸의 여러 기관이 서로 관련되어 있음을 설명할 수 있다.	사실적: 심장은 어떤 일을 하는가? 개념적: 우리 몸의 각 기관은 어떻게 서로를 돕는가? 논쟁적: 인공 장기가 발달하면 인간의 정의는 바뀔까?	각 기관의 위치와 생김새를 모형으로 나타내기, 운동 시 몸의 변화 관찰 보고서, 질병 예방법 발표 자료 공유	현미경 세포 관찰, 기관별 구조와 기능 탐구 실험, 건강 유지 생활 방식 실천 및 디지털 도구 활용 발표

과목	학교급/학년	학급 주제	핵심 아이디어	성취 기준	탐구 질문 (사실적/개념적/논쟁적)	평가 과제 및 방법	주요 교수·학습 활동
수학, 창의적 체험 활동	초등학교 6학년	마니또 선물 상자 만들기	측정은 여러 가지 속성의 양을 비교하고 속성에 따른 단위를 이용하여 양을 수치화함으로써 여러 가지 현상을 해석하거나 실생활 문제를 해결하는 데 활용된다.	6수03-17 직육면체의 겉넓이 구하기, 6수03-18 부피 및 단위 이해, 6수03-19 직육면체의 부피 구하기	사실적: 전개도의 특징은 무엇일까요? 개념적: 겉넓이와 부피는 무엇을 의미할까요? 논쟁적: 겉넓이가 같은 직육면체의 부피도 같을까요?	마니또 선물 상자 만들기 (GRASPS 모델 적용): 전개도를 그려 선물에 맞는 상자를 제작하고 겉넓이와 부피를 계산하여 설명함.	전개도 활용 겉넓이 추론, 쌓기나무 활용 부피 측정, 부피 공식 유도, 선물 상자 제작 및 측정 과정 피드백
국어, 미술	초등학교 6학년	도슨트와 함께하는 작은 전시회	화자와 청자는 의사소통 과정에 협력적으로 참여한다. 미술 작품의 맥락적 이해와 비평은 미적 판단 능력을 높인다.	6국01-04 매체 활용 발표, 6미03-01 미술 작품의 배경 이해, 6미03-02 미술 작품의 특징 설명	사실적: 작품의 조형 요소 특징은 무엇인가요? 개념적: 작품에 대해 효과적으로 소통하는 방법은 무엇인가요? 논쟁적: 같은 작품을 보고 느끼는 생각이 다른 이유는 무엇일까요?	도슨트와 함께하는 작은 전시회 (GRASPS 모델 적용): 미술 작품 설명 자료를 작성하여 관람객에게 발표함.	구글 아트앤컬처 활용 명화 분석, 소개할 작품 모사, 설명하는 글쓰기, 전시회 개최 및 도슨트 활동
국어	중1	나와 너의 성장을 위한 글쓰기	쓰기는 언어를 비롯한 다양한 기호나 매체를 활용하여 인간의 생각과 감정을 글로 표현함으로써 의미를 구성하는 행위이다.	9국03-05 자신의 삶과 경험을 바탕으로 정서를 진술하게 표현하는 글을 쓴다.	사실적: 정서를 표현하는 글의 특징은 무엇인가? 개념적: 어떤 경험이 글의 소재가 되는가? 진솔한 글쓰기는 나와 타인에게 어떤 의미를 가질까? 논쟁적: 경험을 글로 쓰고 공유하는 것이 건강한 자아 형성에 도움이 되는가?	경험을 담아 정서를 표현하는 열네 살 인생 이야기 작성하기 (성찰하는 글 쓰기)	1차시: 정서 표현 글 특징 이해 2-4차시: 경험 선정 및 감정 연결 5-6차시: 개요 작성 및 초고 쓰기 7차시: 피드백. 8차시: 고쳐쓰기 9차시: 성찰 및 공유

과목	학교급/학년	학급 주제	핵심 아이디어	성취 기준	탐구 질문 (사실적/개념적/논쟁적)	평가 과제 및 방법	주요 교수·학습 활동
사회	중1	BEST, WORST 미디어!	우리 사회는 급격한 사회 변동과 다양한 사회 문제를 경험하고 있으며, 이에 대응하기 위해서는 시민의 역할이 중요하다.	9사(일사)02-02 우리 주변에서 활용되는 미디어들을 탐색하고, 미디어를 통해 경험하는 다양한 문화와 정보들을 비판적으로 검토한다.	사실적: 우리는 어떤 미디어를 활용하고 있을까? 개념적: 미디어의 다양한 문화와 정보를 비판적으로 검토하고 활용하기 위한 창의적인 방법은 무엇일까? 논쟁적: 디지털 미디어를 올바르게 활용하려면 우리는 어떤 탐색 과정과 태도를 가져야 할까?	미디어 비평문 발표하기 (GRASPS 모델 적용)	1차시: 일상 속 미디어 탐색 2차시: BEST/WORST 미디어 선정 3차시: 비판적 검토 및 체크리스트 작성 4차시: 홍보물 제작 5차시: 월드 카페 형식 발표 및 성찰.
과학	중1	미래 도시 프로젝트 (화성에서 살아남기) with AI	태양계는 행성 및 소천체 등으로 구성되며, 태양계를 구성하는 천체에 생명체의 존재 가능성에 관하여 추론한다.	9과07-01 태양계를 구성하는 천체의 특징을 알고, 행성을 목성형 행성과 지구형 행성으로 구분할 수 있다.	사실적: 지구형/목성형 행성에는 무엇이 있는가? 개념적: 태양계 행성 탐사 시 직면하는 환경적 문제를 어떻게 극복할까? 논쟁적: 오직 지구만 생명체가 살 수 있는 유일한 행성인가?	화성의 생존 위협 요소를 극복한 미래형 도시 설계하기 (AI 도구 활용 시각화 포함)	1차시: 행성 물리 특성 조사 (생성형 AI) 2차시: 행성 분류 탐구 3-4차시: 영화 〈마션〉 분석 5-6차시: 미래형 도시 설계 및 발표
국어	중학교 1~3학년	의도와 관점을 추론하는 비판적 듣기	화자와 청자는 상황 맥락 및 사회·문화적 맥락 속에서 의사소통 목적을 달성하기 위하여 다양한 유형의 담화를 듣고 말한다.	9국01-01 화자의 의도와 관점을 추론하며 듣는다.	사실적: 담화에서 표면적으로 드러난 정보는 무엇인가? 개념적: 담화의 맥락에 따라 숨겨진 의도나 가치관을 어떻게 추론할 수 있는가? 논쟁적: 화자의 관점이 공정하지 않을 때 우리는 어떻게 반응해야 하는가?	일상의 대화 상황에서 상대의 발화 의도 추론하기, 정보 전달이나 설득 담화에서 상황 맥락을 고려하여 화자의 숨겨진 의도와 관점 추론하기 (수행평가, 관찰 기록법 등)	담화 맥락 분석하기, 표면적으로 드러나지 않는 요소 추론하기, 화자의 가치관 탐구하기, 디지털 소통 공간에서의 차별적 표현 성찰하기

과목	학교급/학년	학급 주제	핵심 아이디어	성취 기준	탐구 질문 (사실적/개념적/논쟁적)	평가 과제 및 방법	주요 교수·학습 활동
사회 (지리)	중학교 1~3학년	세계화 시대, 지리의 힘과 지역 다양성	지표 세계는 장소적 성격의 동질성, 기능적 상호 관련성, 지역민의 인지 등의 측면에서 다양하게 구분되며, 이렇게 구분된 지역은 고유한 지역성이 나타난다.	9사(지리)01-01 세계 여러 지역의 특성을 해당 지역의 위치와 자연·인문환경을 고려하여 추론한다.	사실적: 각 지역의 절대적, 상대적 위치는 어디인가? 개념적: 세계화 시대에 지리적 인식과 관점을 갖추는 것이 왜 필요한가? 논쟁적: 세계화에 따른 지역 간 동질화 현상은 지역의 고유성을 파괴하는가?	세계 여러 지역의 특성 추론 보고서 작성, 지리적 문해력을 활용한 지도화 및 도표화 수행평가	세계 대지형 및 기후 지역 사례 탐구, 공간적 상호 작용 사례 조사(항공/인터넷 네트워크 등), 글로벌-로컬 관계의 지리적 상상력 펼치기
수학	중학교 1~3학년	실생활 속의 기후 변화와 함수 그래프 해석	한 양이 변함에 따라 다른 양이 하나씩 정해지는 두 양 사이의 대응 관계를 나타내는 함수와 그 그래프는 변화하는 현상 속의 다양한 관계를 수학적으로 표현한다.	9수02-06 다양한 상황을 그래프로 나타내고, 주어진 그래프를 해석할 수 있다.	사실적: 그래프에서 시간에 따른 기온 변화 데이터는 어떻게 나타나는가? 개념적: 수학적 모델링은 현실 세계의 문제를 해결하는 데 어떻게 기여하는가? 논쟁적: 통계적 근거를 바탕으로 미래의 기후 변화를 확정적으로 예측할 수 있는가?	환경 및 기후 변화 관련 문제 상황을 수학적 모델링으로 해결하는 프로젝트 평가, 공학 도구를 활용한 그래프 분석 평가	일상 언어, 표, 그래프 간 상호 변환 활동, 공학 도구 활용 함수의 성질 탐구, 생태 전환과 연계된 수학적 모델링 실습
과학	중학교 1~3학년	기후 위기 대응과 인류의 지속 가능한 삶	과학기술의 발달은 미래 사회의 모습과 직업에 영향을 미치며, 개인은 이러한 미래 사회의 모습과 새로운 진로를 탐색하며 자신의 삶을 준비한다.	9과01-03 인류의 지속 가능한 삶을 위한 과학기술의 중요성과 역할에 대해 토의하고, 개인과 사회 차원의 활동 방안을 찾아 실천할 수 있다.	사실적: 기후 위기의 주요 원인인 온실가스 배출원은 무엇인가? 개념적: 과학기술은 지속 가능한 사회를 만드는 데 어떤 역할을 하는가? 논쟁적: 기술적 해결책만으로 기후 위기를 극복할 수 있는가?	지속 가능한 삶을 위한 실천 계획서 및 포트폴리오 평가, 기후 위기 대응 방안 토의 및 발표 관찰 평가	인류가 직면한 에너지/환경 쟁점 조사, 첨단 과학기술 사례 발표, 지역 환경 문제와 연계한 실천 방안 모색

과목	학교급/학년	학급 주제	핵심 아이디어	성취 기준	탐구 질문 (사실적/개념적/논쟁적)	평가 과제 및 방법	주요 교수·학습 활동
정보	중학교 1~3학년	데이터 기반의 인공지능 윤리적 문제 해결	인공지능은 데이터를 기반으로 문제 해결을 가능하게 하므로, 인공지능에 사용되는 데이터는 윤리적 편향성이 없도록 하는 것이 중요하다.	9정04-05 인공지능 학습에 필요한 데이터의 수집과 활용에서 발생하는 윤리적인 문제의 해결 방안을 구상한다.	사실적: 인공지능 학습 데이터에서 발견되는 편향성의 사례는 무엇인가? 개념적: 데이터의 공정성이 인공지능의 신뢰성에 어떤 영향을 미치는가? 논쟁적: 인공지능의 판단에 대한 책임은 누구에게 있는가?	인공지능 윤리 쟁점에 대한 논리적 주장 평가, 프로젝트 기반 문제 해결 과정 포트폴리오	인공지능 시스템의 원리 이해, 데이터 수집 및 분류 실습, 법적·사회적·윤리적 타당성을 고려한 해결 방안 토론
수학	중3	역할극을 통한 무리수의 필요성과 유용성 탐구	사물의 양은 자연수, 분수, 소수 등으로 표현되며, 수는 자연수에서 정수, 유리수, 실수로 확장된다.	9수01-08 무리수의 개념을 이해하고, 무리수의 유용성을 인식할 수 있다.	사실적: 넓이가 2인 정사각형의 한 변의 길이는 어떻게 표현할까? 개념적: 무리수를 수직선의 한 점에 대응시킬 수 있는가? 논쟁적: 오늘날 무리수가 없다면 어떤 문제가 생길까?	무리수의 필요성과 유용성을 바탕으로 현대적 관점에서 재해석하여 역할극으로 발표하기	1-2차시: 넓이 2인 정사각형 한 변 길이 탐구 3-4차시: 무리수 발견 역사 및 수직선 대응 5차시: 근호 없는 상황 가설 토의 6-8차시: 역할극 시나리오 작성 및 발표
한국사 2	고등학교	민주화 과정의 참여와 성과	대한민국은 산업화와 민주화를 기반으로 발전하였으며 한국인들은 보편적 가치를 추구해 왔다.	10한사2-02-03 4·19 혁명에서 6월 민주 항쟁에 이르는 민주화 과정을 탐구한다.	사실적: 4·19 혁명부터 6월 민주 항쟁까지의 주요 사건은 무엇인가? 개념적: 독재 정치에 대응한 국민적 저항은 민주주의 발전에 어떤 역할을 하였는가? 논쟁적: 과거 민주화 운동의 성과를 오늘날 현대 사회의 과제와 어떻게 연결하여 계승할 것인가?	민주화 과정 참여 사례 조사 보고서, 역사 글쓰기, 구술 평가	다양한 주체들의 민주화 노력 사례 탐구, 민주주의가 개인과 사회에 미친 영향 이해, 디지털 아카이브 자료 분석

과목	학교급/학년	학급 주제	핵심 아이디어	성취 기준	탐구 질문 (사실적/개념적/논쟁적)	평가 과제 및 방법	주요 교수·학습 활동
윤리와 사상	고등학교	도덕 감정의 발현과 조절	일상에서의 꾸준한 도덕적 수행은 도덕적 삶을 구현하는 중요한 방법이다.	12윤사02-02 도덕 감정의 발현 과정에 대한 퇴계와 율곡의 주장을 그 이유와 함께 비교·고찰하고, 일상의 감정을 도덕적으로 조절하는 방법을 제시할 수 있다.	사실적: 퇴계와 율곡이 주장한 도덕 감정 발현의 차이점은 무엇인가? 개념적: 도덕적 앎과 실천은 어떻게 조화를 이룰 수 있는가? 논쟁적: 현대 다원주의 사회에서 유교적 도덕 감정 조절론이 갖는 실제적 유용성은 무엇인가?	윤리적 분석평가형 논술, 일상 감정 조절 기록장, 자기 성찰 평가	퇴계와 율곡의 사상 비교 고찰, 일상의 감정을 도덕적으로 조절하는 방법 제안하기, 인물 학습(인터뷰 기사, 카드 뉴스 제작)
한국 지리	고등학교	국토 불균등 발전과 지방 소멸 대응	수도권 집중과 지방 소멸의 위기에 대응하려면 국가균형 발전에 대한 이해와 태도가 중요하다.	12한탐03-04 수도권 집중에 따른 지방 소멸과 국토 불균등 발전 문제에 대한 인식을 바탕으로 국가 및 지역 수준의 국토 균형 발전 방안을 제안하고 실현 가능성을 평가한다.	사실적: 수도권 집중 현상의 현재 지표는 어떠한가? 개념적: 국토의 불균등 성장은 지방 소멸과 어떻게 연결되는가? 논쟁적: 지방 소멸 위기 지역에 필요한 생활 SOC 확충 방안 중 가장 우선순위에 두어야 할 것은 무엇인가?	모둠별 국토 균형 발전 정책 제안 프로젝트, 지역혁신 사례 비교 평가 보고서	도시 인구 규모 변화 분석, 국토 균형 발전 방안 제안 및 실현 가능성 평가, 우리 동네 필요한 생활 SOC 탐색

과목	학교급/학년	학급 주제	핵심 아이디어	성취 기준	탐구 질문 (사실적/개념적/논쟁적)	평가 과제 및 방법	주요 교수·학습 활동
통합과학1	고등학교 1학년	화산 분출로 인한 피해 대책 수립	지구계 구성 권역들이 물질과 에너지를 교환하는 과정에서 다양한 자연 현상들이 발생한다.	10통과1-03-02 지권의 변화를 판구조론 관점에서 해석하고, 에너지 흐름의 결과로 발생하는 지권의 변화가 지구 시스템에 미치는 영향을 추론할 수 있다.	사실적: 화산 분출로 인한 환경적, 사회경제적 피해의 종류는 무엇인가? 개념적: 지권의 변화는 지구 시스템 구성 권역들과 어떻게 상호작용하는가? 논쟁적: 화산 활동의 피해를 최소화하기 위한 인류의 생태적 책임과 보전의 범위는 어디까지인가?	화산 분출 피해 조사 및 대책 수립 보고서 작성 및 발표	화산 분출로 인한 환경·사회경제적 피해 종류 조사하기, 지구와 생명 시스템 측면에서 피해를 줄이기 위한 대책 수립하기, 전 지구 규모의 빅데이터와 시뮬레이션을 통한 지구 시스템 연계성 확인
공통국어1	고1	개인의 정체성과 사회의 다양성 문제를 형상화한 작품 비평문 작성	문학은 인간의 삶을 언어로 형상화한 작품을 통해 즐거움과 깨달음을 얻고 타자와 소통하는 행위이다.	10공국1-05-02 갈래에 따른 형상화 방법의 특성을 고려하며 작품을 수용한다.	사실적: 《뉴 키드》에서 조던의 주요 갈등은 무엇인가? 개념적: 그래픽 노블의 시각적 요소는 독자 해석에 어떤 영향을 주는가? 논쟁적: 그래픽 노블 형식이 전통적 문학보다 메시지 전달에 효과적인가?	그래픽 노블 《뉴 키드》의 정체성/다양성 형상화 방식에 대한 비평문 작성하기	1-2차시: 조던의 갈등 분석 3-4차시: 그래픽 노블 형식 탐구 5-6차시: 사회적 이슈 연결 탐구 7-8차시: 시각적 스타일 재구성 창작 9-10차시: 최종 비평문 작성
사회 (생활과 윤리/심리)	고등학교 1~2학년	보도자료 분석을 통한 동서양의 인지 방식 차이 파악	문화적 배경은 개인의 사고방식뿐만 아니라 사회적 의사소통 방식에도 영향을 미친다.		사실적: 한국과 미국의 보도사진 구도와 서술 방식 차이는? 개념적: 통합적/분석적 사고가 언론의 객관성에 주는 영향은?	보도자료 비교 분석 보고서 및 발표	문화심리학 관점에서 한국과 미국의 신문 기사를 사례로 수집하여 서술 방식(익명성, 초점 등)을 대조 분석하고 고찰함

과목	학교급/학년	학급 주제	핵심 아이디어	성취 기준	탐구 질문 (사실적/개념적/논쟁적)	평가 과제 및 방법	주요 교수·학습 활동
물리학	고2	열에너지와 역학적 에너지의 전환 및 열기관 분석	자연계에서 벌어지는 모든 현상에서 에너지는 보존되고 전환되며, 이를 효율적으로 활용하는 것은 중요하다.	12물리01-06 열이 역학적 에너지로 전환되는 과정의 효율을 이해하고, 영구기관이 불가능함을 논증한다.	사실적: 열은 어떻게 역학적 에너지로 전환될까? 개념적: 에너지 총량은 보존되지만 왜 이용 가능한 에너지가 감소할까? 논쟁적: 열기관의 효율을 높이기 위해 과학은 어떤 방향으로 나아가야 할까?	자신만의 열기관 고안 및 작동 원리/효율 설명, 활용 방안 제시하기	1-2차시: 역학적 에너지 보존 실험 3-4차시: 마찰 실험 및 열에너지 전환 측정 5차시: 열기관 원리 분석 6차시: 실생활 사례 탐색 및 토론
물리/신소재 (융합)	고등학교 2학년	형상 기억 합금과 생체 모방 기술의 열역학적 특성 연구	자연의 구조와 물리적 원리를 모방하여 혁신적인 신소재를 개발할 수 있다.		사실적: 형상기억합금의 상변태 원리는 무엇인가? 개념적: 수중 로봇 추진 원리에 열역학적 특성이 어떻게 활용되는가?	모둠별 주제 탐구 보고서 작성 및 PPT 발표	생성형 AI를 활용한 생체모방 공학 키워드 추출, 형상기억합금의 원리와 결합한 심화 주제 선정 및 선행 논문 탐색
국어 (문학)	고등학교 2~3학년	중세 국어의 변천 과정 탐구	중세 국어와 근대 국어에 대한 이해는 고전 문학 이해의 필수적 요소이다.		사실적: 중세에서 근대 국어로의 변화(음운, 표기 등)는 어떠한가? 개념적: 중세 국어의 흔적은 현대 방언에 어떻게 남아 있는가?	탐구 보고서 작성 및 발표 (후속 독서를 통한 지식 확장 평가)	〈찬기파랑가〉 등 고전 작품에서 시작된 호기심을 바탕으로 학술 자료를 분석하고 중세 국어 특징과 지역 방언 연계성 탐구
사회 (사회문화 연계)	고등학교 2~3학년	문화재 보호법 판례 분석과 정책 제언	사회 현상은 다양한 관점에서 분석되어야 하며, 법률은 공동체의 가치를 보호하기 위해 존재한다.		사실적: 문화재 보호법의 목적과 판례 사례는 무엇인가? 논쟁적: 문화재 보호를 위한 국가의 역할 범위는 어디까지인가?	사회과학 주제 탐구 세미나 발표 및 정책 제언서 작성	법적 판례 분석법을 활용하여 문화재 보호법 판례를 수집·분석하고, 헌법 원리와 연결하여 지역 사회 정책 제언

과목	학교급/학년	학급 주제	핵심 아이디어	성취 기준	탐구 질문 (사실적/개념적/논쟁적)	평가 과제 및 방법	주요 교수·학습 활동
물리/화학 (융합)	고등학교 2~3학년	양자점의 이해와 태양전지 적용 가능성 탐구	물질의 크기가 나노 단위로 작아지면 전기적·광학적 성질이 변화한다 (양자 구속 효과).		사실적: 양자점 크기에 따른 에너지 준위 변화는 어떠한가? 개념적: 양자점 태양전지가 실리콘 태양전지의 한계를 극복하는 원리는?	학술적 주제 탐구 및 결과 정리	화학의 에너지 준위와 물리의 반도체 개념을 융합하여 양자점 특성 탐구 및 향후 연구 방향 (콜로이드 합성법 등) 제시

　탐구 주제는 단순히 정답을 찾는 대상이 아니라 지적 호기심을 바탕으로 스스로 문제를 정의하고 해결해 나가는 '탐험의 대상'이 되어야 한다. 위 표에서 탐구 주제와 탐구 질문, 핵심 아이디어를 정리하였지만 탐구 주제 선정의 핵심 원리는 교과 내용과의 연계성이다.

　탐구 주제는 반드시 학교 수업(교육과정)에서 배운 내용이나 그 과정에서 생긴 호기심에서 출발해야 한다. 교과서의 기본 개념과 원리를 학습한 후, 이를 심화하거나 확장하는 것이 가장 바람직하다.

주제 탐구 보고서 작성과 결과 정리

주제 탐구는 학술적 깊이를 보여 주는 것을 목표로 하지 않는다. 핵심은 교과에서 얻은 호기심을 교내의 다양한 활동에 참여하여 더욱 깊이 있게 탐구하고 자신의 관심 분야를 충실하게 준비한 과정을 드러내는 것이다. 그래서 과거의 소논문 쓰기 활동과 현재의 주제 탐구 활동은 그 성격이 크게 달라졌다. 주제 탐구 계획서를 살펴보자.

1. 주제 탐구 보고서 작성 절차 및 방법

탐구 활동은 다양한 방법으로 진행되며 탐구의 성격에 따라 과정과 절차가 다르다. 과정과 절차도 중요하지만 결국 탐구 활동은 탐구 보고서를 작성하는 것으로 마무리된다. 탐구 보고서는 너무 어렵고 복잡하게 생각하기보다 일반적인 형식에 맞춰 내용을 정리한다고 생각하면 쉽다. 독서 기록장이나 탐구 보고서는 동기-과정-결과가 잘 드러나는 기본적인 구조가 거의 유사하다. 그 이후에 결과와 의미, 후속 활동 계획 등으로 내용을 마무리하면 된다.

독서 기록장과 탐구 보고서의 구조

구분	독서 기록장	탐구 보고서
동기 ↓ 과정 ↓ 결과 ↓ 후속 활동	1. 왜 읽었는가? (동기)	1. 탐구 주제 선정 동기(동기
	2. 줄거리 요약 및 인상 깊은 내용 (과정)	2. 탐구 과정 및 내용 (과정)
	3. 자신의 삶과 진로에 어떤 의미가 있는가? (결과, 의미)	3. 탐구 결과 요약 및 탐구의 의미, 한계(결과)
	4. 어떤 책을 추가로 읽고 활동으로 연결할 것인가? (후속 활동)	4. 배우고 느낀 점(의미)
		5. 향후 탐구 계획, 대학 학업 계획 및 진로 계획(후속 활동)

팀명					지도교사	
팀원 명단		순번	학번	이름	희망 학과	팀 내 역할
탐구 주제						
왜?	주제 선정 동기					
	관련 교과 및 단원					
무엇을?	탐구 목표					
	관심 키워드					
	탐구 개요					
	가설					
어떻게?	탐구 방법					

2. 좋은 주제 탐구를 위한 Tip

주제 탐구를 성공적으로 진행하기 위한 구체적인 방법들을
정리하면 다음과 같다.

- 주제 탐구 활동에서 가장 중요한 것은?
    - 다양한 매체 자료와 학술 자료를 활용하는 것이 가
    장 중요하다.
    - 자료의 양이 보고서의 질을 결정한다.
- 주제 탐구 활동을 돋보이게 만들기 위해서는?
    - 인문: 글로벌한 시각과 관점 제시. 주제와 관련된
    각국의 법과 제도 등 제시하는 것이 좋다.
    - 자연: 주제 관련 신기술 및 이슈에 대한 과학적 원리
    를 포함해야 깊이를 보여 줄 수 있다.
    - 공통: 자료를 다각적으로 검토(긍정/부정 개인적/사회
    적/국가적 차원 기술적/윤리적)할 때 보고서가 돋보인다.
    - 인문은 논리와 구체적 사례, 자연은 과학적 원리가
    풍부하게 담길 수 있도록 해야 한다.
- 주제 탐구 활동을 효과적으로 하는 방법은?
    자료 탐색을 통해 가장 많이 참고할 학술 자료를 선정해

야 한다.

- 구글, 네이버 등 포털 사이트와 블로그의 전문 자료를 추가 검색하면 자신의 수준에 맞는 자료를 읽으며 탐구 활동할 수 있다.
- 초등학생은 인공지능을 활용하지 않고 직접 탐구 검색해야 하며 중학생은 인공지능을 활용할 수 있으나 반드시 내용을 검증해야 한다.

주제 탐구 활동에서 가장 중요한 것은 추가 자료 조사이다. 따라서 목차 구성 이후 보고서를 작성하는 단계에서도 자료 조사는 추가로 계속 이루어지는 것이 필요하다. 인문은 주제와 관련한 세계의 동향을, 자연은 주제와 관련된 신기술을 내용에 포함하면 내용이 훨씬 풍부해진다. 마지막으로 구성하는 자료는 최대한 여러 가지 측면에서 검토하면 층위가 나누어지면서 내용에 깊이가 더해진다. 결국 주제 탐구는 주제 선정에 가장 공을 들여야 하고 주제 선정 이후에는 자료 조사에 가장 오랜 시간을 들여야 좋은 결과물을 만들어 낼 수 있다.

3. 주제 탐구 활동 결과 정리

탐구 활동에서 주제 선정이 가장 중요한 것은 사실이지만 우수한 탐구 결과도 체계적으로 기록되지 않으면 그 가치를 충분히 발휘하지 못한다. 따라서 탐구 활동의 결과를 정리할 때 그 결과에 대한 구체적이고 자세한 기록이 포함되어야 한다. 주제를 선정한 동기와 탐구 과정 및 결과의 요약, 활동에서 자신의 역할과 노력, 배우고 느낀 점, 새롭게 알게 된 점, 후속 활동 계획이 모두 들어가는 것이 좋다. 꼭 기억해야 할 점은 후속 활동이 계획에서만 머물러서는 의미가 없다는 것이다.

보고서에 계획을 세웠다면 반드시 이를 실천한 기록이 있어야 활동의 연계성과 확장성 측면에서 긍정적인 평가를 받을 수 있다.

최근에는 활동의 깊이를 더하는 측면에서 후속 활동으로 독서가 더욱 부각되고 있다는 점도 참고할 필요가 있다.

모든 탐구가 성공적일 수는 없지만, 꼭 성공의 기록만 좋게 평가되는 것은 아니다. 실패한 기록을 통해 탐구 역량이 발전하는 것도 중요한 의미를 지닌다고 바라본다. 한 번 실패한 실험이나 탐구를 추후에 다시 한번 시도해 보는 것도 좋은 학업 태도다. 즉 주제 탐구는 학습의 과정이며 학생 스스로 성장한 기록이 되어야 한다는 점을 기억하면 된다.

4. 주제 탐구 과정 및 보고서 예시

관련 교과 및 단원: 과학 / 초등 5-1 / 1. 지층과 화석

핵심 용어집

용어	쉽게 이해하기
누중의 원리	지층은 케이크처럼 아래부터 차곡차곡 쌓여요! 아래층이 제일 오래된 층이고 위층은 새로 쌓인 거예요. 오래된 건 밑에!
퇴적암	강에서 떠내려온 자갈·모래·진흙이 눌려서 딱딱해진 돌이에요. 옛날에 바다였는지 강이었는지 알려 줘요!
몸 화석(체화석)	공룡 뼈나 알, 조개껍데기처럼 진짜 몸 일부가 화석이 된 거예요. 몸체가 그대로 남았어요!
흔적 화석	발자국·똥·벌레 터널처럼 동물이 움직인 흔적이 화석이 된 거예요. 몸은 없고 활동만 보여 줘요!
습곡	땅속 힘이 지층을 부드럽게 물결처럼 휘어지게 만든 모양이에요. 파도 치는 바다처럼 굽었어요!
단층	지층이 쾅! 하고 쪼개져 계단처럼 어긋난 모양이에요. 지진처럼 갑자기 갈라진 거예요!

반감기	방사성 물질이 절반으로 쪼그라드는 시간이에요. 시계처럼 지층 나이를 재는 비밀 숫자!
절대 연령	지층이나 화석의 정확한 나이 (예: 1억 년 전!) 반감기로 계산해서 알아내요!
산호 화석	산호초가 화석이 된 거예요. 옛날에 얕고 따뜻한 바다였다는 증거! 제주도 바다 같았어요.
고사리 화석	고사리가 화석이 된 거예요. 옛날에 습하고 더운 숲·늪지였다는 증거! 공룡 놀이터!
삼엽충	5억 년 전 바다에 살던 세 갈래 벌레 화석이에요. 가장 오래된 동물 화석!
코프로라이트	공룡 똥이 화석으로 된 거예요! 똥 속에 먹이 조각이 있어 공룡이 뭘 먹었는지 알 수 있어요!
해남 우항리	전남 해남에 있는 공룡 발자국 천지! 공룡·익룡·새 발자국이 한꺼번에 발견된 보물터!
에이펙스	스테고사우루스 화석으로 2024년 경매에서 616억 원에 낙찰된 세상에서 제일 비싼 공룡! 뼈 254개가 완벽하게 보존된 '최고 보존 상태' 공룡이에요.

1. 탐구 주제

한반도의 타임캡슐, 지층과 화석이 들려주는 1억 년 전 비밀 보고서

2. 탐구 동기 및 목적

과학 시간에 지층이 아래부터 쌓인다는 내용과 화석의 종류를 배우면서 우리나라 땅속의 공룡 이야기가 궁금해졌어요. 그래서 도서관에서 책과 신문 기사를 찾아보며 우리나라 공룡 화석을 조사해 보려고 해요. 화석을 통해서 옛날 모습이 어땠는지 알아보는 게 목표입니다.

3. 지층이란? : 지구의 역사를 기록하는 방식

1) 지층의 형성

강에서 자갈·모래·진흙이 물에 떠내려와 바다나 호수 바닥에 층층이 쌓여요. 오랜 시간이 지나 눌러서 단단한 지층이 돼요.

2) 지층 누중의 원리

지층은 아래부터 차곡차곡 쌓여요. 아래층이 위층보다 먼저 만들어진 거예요.

3) 지층의 변형

· 습곡: 물결처럼 휘어져 있어요.

· 단층: 끊어져 있는 계단 모양이에요.

4. 퇴적암이란? 과거 환경을 알려 주는 알갱이의 비밀

1) 알갱이 크기에 따른 분류

· 역암: 자갈이 섞인 큰 알갱이(강가에서 생김)

· 사암: 모래 알갱이(촉감 거칠어요)

· 이암: 진흙 알갱이(가장 고와요)

2) 특별한 퇴적암

· 석회암: 조개·산호가 쌓여서 만들어져요.

· 화석 연료: 수억 년 전 죽은 식물·플랑크톤이 퇴적층 깊숙이

　　눌려서 변해 만든 석탄·석유·천연가스

5. 화석 : 과거 생물의 모습을 간직한 메시지

1) 화석의 종류

· 체화석: 뼈·알 (몸 일부 남음)

· 흔적 화석: 발자국·똥 (활동 흔적)

2) 화석이 만들어지는 조건

생물이 죽은 후 빨리 흙에 묻히고 뼈·껍데기처럼 단단한 부분

있어야 화석이 잘 만들어져요.

6. 심화 탐구: 화석으로 본 한반도의 과거 모습

1) 공룡의 낙원, 화성 고정리

1억년 전 공룡알 화석과 뿔 공룡(코리아케라톱스) 발견! 공룡이 알 낳던 곳이었어요.

2) 세계적인 공룡 발자국 산지 해남·경남 남해안에 공룡 발자국 화석이 엄청 많아요! 옛날엔 큰 호수·강가였어요.

3) 환경의 지표:

· 고사리 화석 = 따뜻하고 습한 육지

· 산호 화석 = 얕고 따뜻한 바다

7. 지층과 화석의 가치와 보존

1) 지구의 병력 기록

화석은 대멸종·기후 변화의 기록이에요. 과거를 보면 미래 환경도 예측할 수 있어요!

2) 소중한 자산

화석은 다시 못 만들어요. 우리나라는 문화재 보호법으로 잘 지키고 있어요.

8. 탐구 결론

지층과 화석은 지구의 타임캡슐 같아요. 이번에 새롭게 알게 된 건 우리나라 화성 고정리에서 공룡 알이 발견됐다는 거예요. 도서관에서 신문 기사를 보니 땅 밑에 이런 보물이 숨어 있다는 게 정말 신기하고 자랑스러웠어요. 지층 하나하나가 1억 년 전 이야기를 들려주는 것 같아서 과학이 더 재밌어졌어요.

9. 후속 탐구 활동

· 도서관에서 화성 공룡알 화석 박물관 소개 책 찾아보고 위치·전시물 조사하기
· 인터넷·잡지에서 해남 우항리 공룡 발자국 발견 연혁과 크기 자료 수집하기
· 과학책에서 우리나라 다른 공룡 화석지 (예: 여수, 경주) 위치와 특징 찾아 지도에 표시해 보기

그림 17 지층과 화석 주제 탐구 보고서 PPT

1

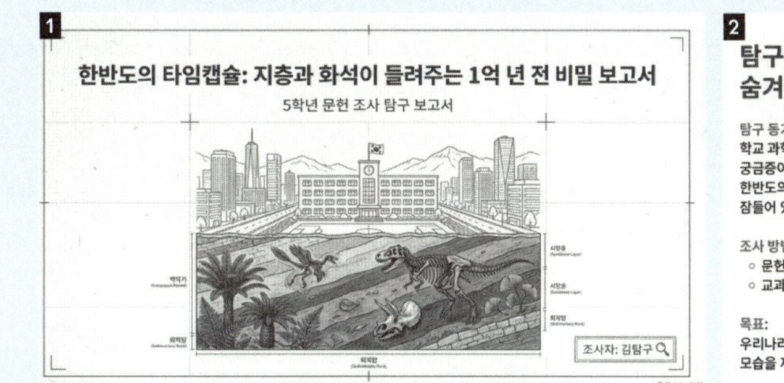

2

탐구의 시작: 우리 발밑에 숨겨진 이야기를 찾아서

탐구 동기:
학교 과학 시간에 지층과 화석에 대해 배우며 궁금증이 생겼습니다. 우리가 살고 있는 이 땅, 한반도의 깊은 곳에는 어떤 공룡들의 이야기가 잠들어 있을까요?

조사 방법:
- 문헌 조사 (도서관 서적, 신문 기사, 과학 잡지)
- 교과서 분석 (5학년 과학 교과서)

목표:
우리나라 공룡 화석을 통해 1억 년 전 한반도의 모습을 재구성한다.

3

지구의 기록 방식: 지층은 어떻게 만들어지는가

4

시간을 읽는 규칙: 지층 누중의 원리

핵심 원리:
아래층이 위층보다 먼저 만들어졌다.

설명:
지층은 아래에서부터 차곡차곡 쌓입니다. 따라서 가장 깊은 곳의 지층이 가장 오래된 과거의 이야기를 담고 있습니다.

5

기록의 변형: 휘어지고 끊어진 페이지들

습곡 (Fold)
지층이 미는 힘을 받아 물결처럼 휘어진 구조.

단층 (Fault)
지층이 끊어져 어긋나 계단 모양이 된 구조.

수사관 메모: 이는 지구 내부의 거대한 힘이 작용했다는 결정적 증거입니다.

6

퇴적암 분석: 알갱이가 알려주는 과거의 환경

역암 (Conglomerate)
자갈이 섞여 있고 알갱이가 큼.
→ 물살이 빠른 강가나 바닷가.

사암 (Sandstone)
모래 알갱이로 구성. 촉감이 거침.
→ 모래사장이나 사막.

이암 (Mudstone)
진흙 알갱이로 구성. 가장 곱고 작음.
→ 깊은 호수나 바다.

결론: 알갱이의 크기는 퇴적 당시 물의 흐름과 깊이를 알려주는 단서입니다.

7

특수 기록물: 석회암과 화석 연료

석회암 (Limestone)
조개 껍데기나 산호 같은 생물의 잔해가 쌓여서 만들어진 암석.

화석 연료 (Fossil Fuels)
아주 먼 옛날 살았던 식물이나
동물이 땅속에 묻혀 높은 열과
압력을 받아 변한 에너지원.
• 석탄: 식물의 변형
• 석유: 동물/미생물의 변형

수사관 메모: 이러한 특수 기록물은 과거 생태계와 환경 변화를 보여주는 중요한 증거입니다.

8

화석: 과거 생물이 남긴 메시지

체화석 (Body Fossils)
생물의 몸체가 직접 남은 것.
(예: 뼈, 알, 껍데기)

흔적화석 (Trace Fossils)
생물의 생활 모습이나 활동이 남은 것.
(예: 발자국, 기어간 자국, 배설물)

9 보존의 법칙: 화석이 만들어지는 조건

🔍 수사관 메모: 화석이 되기 위한 과정은 매우 드물고 까다롭습니다.

10 사건 현장: 한반도, 백악기의 타임캡슐

🔍 수사관 메모

우리나라는 '공룡의 낙원'이라 불릴 만큼 풍부한 백악기 화석이 발견되는 곳입니다.
이제 구체적인 증거들을 살펴봅니다.

11 증거 1: 공룡의 보금자리, 화성 고정리

- **발견된 증거**: 공룡 알 화석과 코리아케라톱스(*Koreaceratops*).

- **코리아케라톱스**: 우리나라에서 처음 발견된 뿔공룡으로, 한반도 토종 공룡의 존재를 확인시켜 줍니다.

- **해석**: 이곳은 공룡들이 집단으로 알을 낳고 새끼를 기르던 '보금자리'였습니다.

🔍 수사관 메모

우사관 메모: 화성 고정리 일대에서는 수백 개의 공룡 알 화석이 발견되어 세계적인 규모의 집단 산란지였음을 보여줍니다.

12 증거 2: 고대의 놀이터, 해남과 남해안

- **발견된 증거**: 세계적인 규모의 공룡 발자국 화석 산지.

- **환경 재구성**: 발자국이 선명하게 남기 위해서는 물기가 있는 진흙이 필요했습니다.

- **결론**: 옛날 이 지역은 거대한 호수나 강가였으며, 수많은 공룡들이 물을 마시고 뛰어놀던 '놀이터'였습니다.

🔍 수사관 메모

해남과 남해안 일대에서는 수천 개의 공룡 발자국이 발견되어, 과거 이 지역이 공룡들의 활발한 활동 무대였음을 생생하게 보여줍니다.

13 환경의 재구성: 그날의 날씨와 풍경

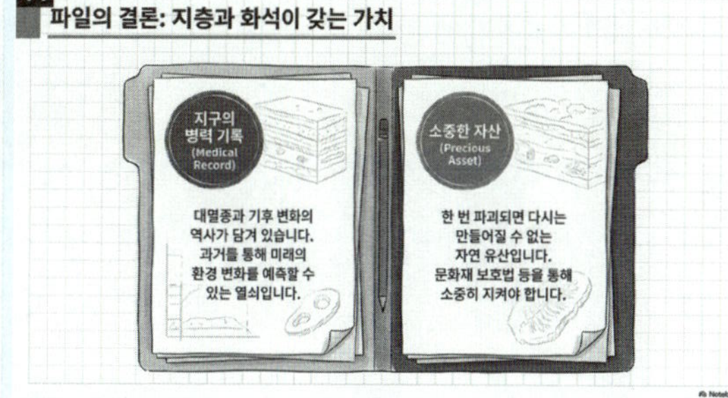

화석은 단순한 돌이 아니라, 당시의 기온, 습도, 지형을 알려주는 '환경의 지표'입니다.

14 파일의 결론: 지층과 화석이 갖는 가치

15 수사 계속: 우리들의 후속 탐구 과제

땅 밑에 숨겨진 보물을 찾는 우리의 탐구는 계속됩니다.

참고 자료: 5학년 과학 교과서, 연합뉴스, 도...

4장

독서를 통해 완성하는 탐구력

2026년 1월 23일 국회에서는 '독서국가 선포식 및 독서국가 추진위원회 출범식'이 열렸다. 이곳에서는 AI 시대 독서 교육을 국가 핵심 전략으로 격상하고 생애주기별 독서 교육 로드맵을 발표하였다.

독서유치원, 독서 중점 초등학교, 중1 자유학기제를 독서학기제로 전환, 학생 독서 이력 DB화 및 고교학점제 연동 구상을 제시하였다.

독서국가 추진위원회는 국회·교육·지자체·출판·언론·문화예술계 인사가 참여하는 범사회적 연대체로 캠페인, 입법·예산 정책화, 독서 생태계 구축을 추진하기로 하였으며 학교도서관 활성화법 재추진과 사서 교사 확충을 강조했다.

또한 AI 시대에 필요한 사고력·문제 해결 능력이 독서에서 나온다는 인식 아래, '책 읽는 학교- 책 읽는 마을-책 읽는 도시'로 이어지는 국가 차원의 독서 생태계 구축과 독서 교육을 제안하였다.

주제 탐구 활동을 하고 나서 배경지식을 심화시키기 위한 후속 활동으로 독서를 해도 좋고, 독서를 먼저 하다가 어떤 키워드나 관심사를 향한 호기심을 기반으로 다시 주제 탐구 활동을 할 수도 있다. 즉 독서는 주제 탐구의 시작이자 마무리인 셈이다.

특히 주제 탐구를 위한 독서는 교양서 독서와 성격이 다소 다르다고 볼 수 있다. 만약 생명공학에 관심이 있는 학생이라면 학교에서 배운 세포, 미생물, 유전자에 호기심을 느껴 관련 도서를 읽어 보는 것이 어찌 보면 당연한 수순이다. 관심 진로 분야 관련 독서를 하면 호기심이 꼬리에 꼬리를 물어 교과에서 배운 내용을 기반으로 배경지식을 확장할 수 있을 뿐만 아니라, 자신이 해당 분야를 얼마나 알고 또 얼마나 모르는지 메타인지 능력도 키울 수 있다. 따라서 관심 분야별로 충분한 독서 목록을 준비하고, 독서를 통해 주제 탐구를 시작하는 것이 매우 중요하다.

　나아가 대학에서도 이러한 지식의 확장을 중요하게 평가한다. 서울대학교는 독서의 중요성을 강조하는 대표적인 대학이다. '독서를 사랑하는 대학입니다'라는 슬로건을 내걸며 2025학년도 학생부종합전형 책자를 통해서도 독서로 생각을 확장해 온 학생을 기다린다는 내용을 명확히 언급했다.

　초등학교 시기는 기초·기본이 필요한 시기이며 성장 속도가 빠른 시기이기 때문에 학년에 맞는 독서 전략이 필요하다. 필독 도서 및 교과서 수록 도서를 통해 독서를 하고 공공 독서 시스템이나 민간 시스템을 활용해 독서 관리를 할 수 있다.

초등 학년별 필독 도서

1. 1,2학년: 책과 친해지는 시기(상상력&학교 적응)

이 시기는 그림책에서 글밥이 있는 책으로 넘어가는 과도기로 볼 수 있다. '책은 재미있는 것'이라고 느끼게 해 주는 것이 가장 중요하다. 학교생활, 친구 관계, 자존감을 다룬 책이 좋다.

《알사탕(백희나)》: 기발한 상상력과 따뜻한 가족의 사랑을

느낄 수 있는 그림책. (교과서 수록)

《틀려도 괜찮아(마키타 신지)》: 발표를 두려워하는 아이들에게 용기를 주고, 교실 문화를 긍정적으로 받아들이게 한다.

《강아지똥(권정생)》: 하찮아 보이는 존재도 귀하게 쓰일 수 있다는 생명의 소중함을 일깨워 주는 고전이다.

《책 먹는 여우(프란치스카 비어만)》: 책을 너무 좋아해서 먹어버리는 여우 이야기로, 글밥이 조금 늘어나는 시기에 읽기 좋다.

《아홉 살 마음 사전(박성우)》: 자신의 감정을 정확한 단어로 표현하는 법을 배우는 어휘력·감정 표현 도서이다.

2. 3, 4학년: 독서의 즐거움을 아는 시기(사회성&모험)

본격적으로 '읽기 독립'이 이루어지는 시기이다. 또래 관계가 중요해지고 도덕적 판단 능력이 생기기 때문에 재미있는 시리즈물이나 판타지로 긴 호흡의 글을 읽는 훈련이 필요하다.

《만복이네 떡집(김리리)》: 아이들의 고민을 해결해 주는 신비한 떡집 이야기로, 아이들이 몰입해서 읽기에 아주 좋다.

《가방 들어주는 아이(고정욱)》: 장애인 친구와 짝이 된 주인공의 심리를 통해 배려와 우정을 배우는 필독서이다.

《마당을 나온 암탉(황선미)》: 꿈과 자유를 찾아 떠나는 암탉 '잎싹'의 모험을 다룬 한국 창작 동화의 걸작이다.

《화요일의 두꺼비(러셀 에릭슨)》: 천적인 올빼미와 두꺼비의 우정을 통해 편견을 깨고 진정한 친구의 의미를 되새기는 책이다.

《잘못 뽑은 반장(이은재)》: 학교생활 속 선거와 리더십, 친구들과의 갈등 해결 과정을 유쾌하게 그려 내는 책이다.

3. 5, 6학년: 사고력을 키우는 시기(역사, 비판적 사고&고전)

추상적인 사고가 가능해지며 사회 문제, 역사, 철학에 관심을 가질 때이다. 논리적인 사고를 돕는 비문학 도서와 깊이 있는 문학 작품을 병행해야 한다.

《푸른 사자 와니니(이현)》: 무리에서 쫓겨난 어린 사자 와니니의 성장기를 다룬 소설로, 용기와 리더십을 배울 수 있다.

《자전거 도둑(박완서)》: 1970년대 서울을 배경으로 물질만
능주의와 양심에 대해 질문을 던지는 단편 모음집이다.

《몽실 언니(권정생)》: 한국 전쟁 전후의 가난과 고난을 꿋꿋
하게 이겨 내는 몽실이의 삶을 통해 한국 근현대사를 이해할
수 있다.

《시간을 파는 상점(김선영)》: 자음과모음 청소년 문학상을
받은 작품으로, '시간'이라는 철학적 소재를 추리 기법으로
흥미롭게 풀어내는 책이다.

《한국사 편지(박은봉)》: 엄마가 딸에게 들려주는 이야기 형
식으로 되어 있어, 역사를 처음 깊이 있게 접하는 고학년에
게 적합하다.

초등 교과서에 실려 있는 도서

1. 1, 2학년 (국어 교과서)

1, 2학년 시기는 책을 통해 자기 자신에 대해 이해하고 책과 가까워지는 시기이다. 자신의 신체와 마음과 관련된 책과 교과서 내용 관련 책들이 실려 있다.

《알사탕(백희나)》: 2학년 국어. 마음의 소리를 듣게 해 주는 알사탕 이야기를 통해 타인의 마음을 이해하게 해 주는 책이다.

《아홉 살 마음 사전(박성우)》: 2학년 국어. 다양한 감정을 표현하는 단어를 배울 수 있는 책이다.

《칠판 앞에 나가기 싫어(다니엘 포세트)》: 2학년 국어. 발표 불안을 겪는 아이들에게 공감과 용기를 주는 책이다.

《강아지똥(권정생)》: 1학년 국어. 자신의 존재 가치를 깨닫는 아름다운 이야기.

《욕심쟁이 딸기 아저씨(김유경)》: 2학년 국어. 나눔의 기쁨을 다루는 책이다.

《안녕, 태극기!(박윤규)》: 1학년 국어. 태극기에 담긴 의미와 역사를 쉽게 풀어내는 책이다.

2. 3, 4학년 (국어, 도덕 교과서)

본격적으로 '온 작품 읽기(책 한 권을 온전히 읽는 수업)'가 시작되는 시기이다. 또래 관계, 사회적 약자에 대한 배려 등을 다루는 책이 실려 있다.

《만복이네 떡집(김리리)》: 3학년 국어. 아이들의 소원을 들어주는 떡집 이야기로, 베스트셀러이자 교과서 단골 수록작이다.

《아낌없이 주는 나무(쉘 실버스타인)》: 4학년 국어. 조건 없는 사랑과 헌신에 대해 생각해 보게 하는 책이다.

《사라, 버스를 타다(윌리엄 밀러)》: 4학년 국어. 인종 차별에 맞선 로사 파크스의 실화를 다룬 이야기이다.

《화요일의 두꺼비(러셀 에릭슨)》: 3~4학년 국어. 적과 친구가 되는 과정을 통해 편견을 깨 주는 책이다.

《가방 들어주는 아이(고정욱)》: 4학년 국어/도덕. 장애인 친구를 돕는 주인공의 복잡한 심리를 현실적으로 그려진 책이다.

《꼴찌라도 괜찮아!(유계영)》: 3학년 국어. 경쟁보다는 최선을 다하는 과정의 중요성을 일깨워 주는 책이다.

3. 5,6학년 (국어 교과서)

사회 문제, 역사, 철학 등 깊이 있는 주제를 다루는 시기로 문학적 가치가 높은 단편 소설이나 장편의 일부가 수록되고 있다.

《열두 사람의 아주 특별한 동화(송재찬 외)》의 〈마지막 숨바꼭질〉: 5학년 국어. 가슴 아픈 가족사와 이별을 다루는 책이다.

《우리들의 일그러진 영웅(이문열)》: 6학년 국어. 권력의 형성과 부조리, 방관자의 태도 등 교실 내 정치를 다루는 책이다. (토론 수업에 자주 활용)

《자전거 도둑(박완서)》: 5~6학년 국어. 양심과 물질적 이익 사이에서의 갈등을 다룬 한국 문학의 수작이다.

《나무를 심은 사람(장 지오노)》: 6학년 국어. 한 사람의 꾸준한 노력이 세상을 어떻게 바꾸는지 보여 준다.

《주몽의 알을 찾아라(백은영)》: 5학년 국어. 역사적 사실을 바탕으로 한 창작 동화로 역사의 흥미를 돋우어 준다.

《소나기(황순원)》: 6학년 국어. 소년 소녀의 순수한 사랑과 안타까운 이별을 다룬 국민 단편 소설.

공공 운영 독서 관리 시스템

1. 독서로

제4차 학교도서관 진흥 기본 계획(2024~2028)을 통해 기존의 분산된 시스템으로 통합한 클라우드 기반의 미래형 플랫폼인 '독서로(Dokseoro)'를 구축하여 단순히 책을 빌리는 곳이 아닌 학교도서관의 패러다임을 '장서의 소장'에서 '정보의 자유로운 접근과 활용'으로 전환하는 핵심 허브를 목표로 하였다.

학생들은 이곳에서 디지털 매체를 활용해 정보를 선별하고 새로운 지식을 창출하는 '다중문해력(Multiliteracy)'을 함양하게 기획하였다. 학생이 단기적인 과제 수행을 넘어, 스스로 성장을 기록하는 '평생 독자'로 진화하기 위한 전략적 로드맵을 제시한다.

그림 18 독서로 홈페이지(https://read365.edunet.net/)

독서로의 지능형 서비스를 온전히 활용하기 위해서는 에듀넷 통합 계정과 학교 현장의 실시간 데이터인 DLS(Digital Library System)를 정교하게 연동해야 한다. 특히 기존 사용자의 경우, 과거 기록의 소실을 방지하기 위한 이관 절차가 무엇보다 중요하다.

- 회원 가입 및 데이터 이관 프로세스

    - 에듀넷 연동 가입: '독서로' 홈페이지에서 회원가입을 클릭하여 '에듀넷-티클리어' 계정을 생성한다. (만 14세 미만은 보호자 동의 필수)

    - DLS 인증(핵심): 마이페이지의 '도서관 이용 현황'에서 DLS 인증을 진행한다. (인증 코드: 학생증 뒷면 바코드 아래의 대출증 번호(숫자 4자리 + 알파벳 대문자 1자리 조합)를 입력)

- 과거 독후 활동 데이터 이관: 기존 시스템의 기록을 보유한 학생은 데이터 이관 경로: 마이페이지 → 독후 활동 → 내 독후 활동 작성 → 나의 독후 활동 이관

- 데이터 기반의 입체적 도서 탐색 및 관리 전략: 디지털 전환 시대의 독서 관리 전략은 데이터 체계적 분석에서 시작된다. '독서로'는 학교 도서관에서의 독서 활동을 학교급을 넘어 연동할 수 있기에 독서 포트폴리오 관리가 가능하다.

    - 다각적 검색 시스템: 우리 학교 장서 검색은 물론, '시도 내 타 도서관' 통합 검색을 통해 자료 접근성을 극대화하고 있다.

    - 교과 연계 DB 활용: 2025년 3월부터 본격 개방된

‘교과서 수록 도서 정보 DB’를 통해 사회 및 국어 과
목을 우선적으로 지원하고 있다. 학생은 수업 중 마
주한 텍스트의 원전을 즉각 탐색하여 심화 학습의
발판으로 삼을 수 있다.
- ‘나의 책장’을 통한 연속성 확보: 관심 도서 설정부
터 예약, 대출, 그리고 기록으로 이어지는 사용자 경
험을 데이터로 연결하여 독서의 맥락이 끊기지 않도
록 관리할 수 있다.

- 창의적 독후 활동의 다변화: 질적 피드백을 통한 성장
- 독후 활동은 단순히 읽은 내용을 확인하는 절차가
아니라, 비판적 사고력을 정교화하는 과정이다. ‘독
서로’를 통해 텍스트 중심의 기록을 넘어 다양한 멀
티미디어 활동을 지원하고 있다.
- 독후 활동 유형: 글쓰기
- 전략적 가치: 논리적 사유 및 문해력 정교화
- 주요 활용 방법: 서평, 비평, 편지(300자 이상 필수)
- 독후 활동 유형: 그림/사진
- 전략적 가치: 시각적 메타포 및 상상력 표출
- 주요 활용 방법: 독서 감상화, 관련 장면 촬영 업로드

- 독후 활동 유형: 동영상

  - 전략적 가치: 미디어 리터러시 및 연출 능력

  - 주요 활용 방법: 북 트레일러, 책 소개 브이로그

- 독후 활동 유형: 소리/음성

  - 전략적 가치: 구어 표현력 및 공감적 전달

  - 주요 활용 방법: 낭독 오디오북, 팟캐스트 녹음

- 시스템 준수 사항

  - 독창성 유지: 외부 텍스트의 붙여넣기 기능은 원천 차단되어 있어 반드시 본인의 언어로 직접 입력해야 한다.

  - 질적 피드백 루프: 작성 후 승인 요청을 하면 교사의 단순 확인을 넘어, 학생의 기록이 학교 공동체 내에서 가치 있게 공유되고 승인되는 질적 피드백을 시작할 수 있다.

  - 포트폴리오 자산화: 축적된 기록은 'PDF 저장' 기능을 통해 언제든 인쇄하거나 디지털 파일로 추출할 수 있어, 진로 설계와 상급 학교 진학을 위한 강력한 포트폴리오 자산으로 활용할 수 있다.

- 자발적 참여를 유도하는 동기 부여 설계: 게이미피케이션과 AI

독서는 의무가 아닌 즐거운 습관이어야 하기에 '독서로'
는 심리학적 메커니즘을 활용하여 학생의 외적 동기를
내적 습관으로 전이시키는 시스템을 만들었다.

　- 게이미피케이션(Gamification) : 독서 마라톤, 퀴즈, 밸
런스 게임, 디지털 배지 시스템은 성취감을 자극하여
학생의 자발적 유입을 이끌어 내도록 설계되어 있다.
이는 학교 현장의 '다독상' 시상과 연계되어 실제적
인 보상 체계를 형성할 수 있다.

　- AI 맞춤형 추천 알고리즘: 단순 추천을 넘어, 학생이
독서 목적(학습, 휴식 등)과 관심 분야를 직접 필터링하
여 정교화된 추천을 받도록 설계되어 있다.

　- 프로세스: 독서 이력 분석 → 관심 키워드 및 독서
목적 선택 → AI 최적 도서 제안 → 맞춤형 도서 도달

교육부의 제4차 학교도서관 진흥 기본계획이 지향하는 종
착역은 '학생 주도의 교육 혁신'이다. '독서로'는 그 비전을
실현하는 가장 강력한 도구로 활용될 수 있다.

학생에게는 자신의 사고가 확장되는 과정을 담는 '성장 기
록장'이 될 것이며 학부모에게는 자녀가 단순히 책을 읽는지
확인하는 것을 넘어 어떠한 디지털 매체로 표현하는지 보고

지원하는 '소통의 창'이 될 것이다.

'독서로'는 단순한 사이트가 아니라, 우리 아이들이 디지털 미디어 문해력을 갖춘 미래 인재로 성장하기 위한 스마트 독서 생태계의 중심으로 활용되도록 구축되었다.

2. 책열매

책열매는 학생의 독서 성향 진단, 독서 이력 정보를 바탕으로 AI 기반 도서 추천, 어휘 학습을 지원하여 개별화·맞춤형 국어 수업의 실현을 돕기 위해 한국교육과정평가원과 교육부가 함께 운영하는 AI 기반 도서 추천, 어휘 학습 지원 사이트 웹 사이트이다. 책열매를 통해 E-BOOK을 활용할 수도 있으며 서평을 기록할 수도 있다.

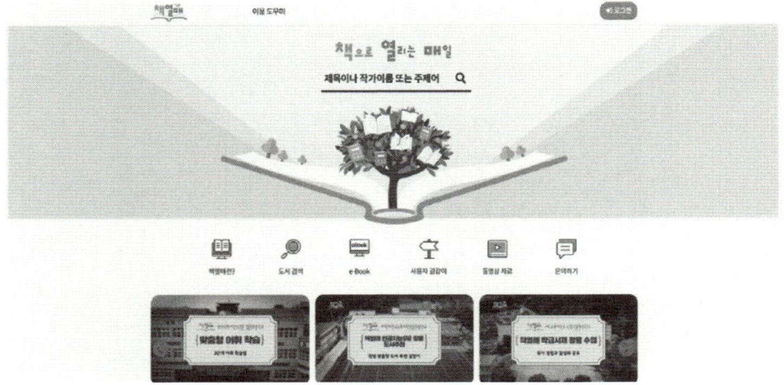

AI 추천과 맞춤형 독서 경험을 통해 자기주도적 탐구력은 학습자가 스스로 정보의 가치를 판단하고 선택할 수 있는 '학생 주도성(Student Agency)'에서 발현된다. 책열매는 개별화된 독서 경험을 통해 학습자가 독서의 주체가 되는 심리적·교육적 환경을 구축하고 있다.

• 정보 리터러시와 AI 기반 매칭 메커니즘: 학생이 탐색하고 읽은 도서의 흥미, 장르, 소재, 주제, 작가 등 다각적 데이터를 분석하여 최적의 도서를 추천한다. 이는 단순한 취향 반영을 넘어, 학생이 스스로 도서를 검색하고 선택하는 과정에서 '정보 리터러시'를 체득하게 하는 전략적 장치로 구성되어 있다.

• 자기 효능감 형성을 위한 독서 이력 관리: 자신의 독서 궤적을 스스로 저장하고 확인하는 과정은 학습자에게 가시적인 성취감을 부여한다. 이러한 심리적 보상은 독서를 '과제'가 아닌 '자아 성장의 기록'으로 인식하게 하여 장기적인 자기주도적 학습 태도를 견인할 수 있다.

개별화된 도서 탐색은 필연적으로 텍스트 이해의 근간이 되는 어휘력 확장의 단계로 이어지며, 이는 탐구력을 지탱하는 기초 체력이 될 수 있다.

사고를 키우는 독서 기록 방법

저학년의 경우 다양한 독서와 시스템을 활용한 독서 기록을 통해 지식의 그릇을 넓히고 다양한 진로 탐색을 한다면 초등학교 고학년부터는 본격적인 사고력과 탐구력을 기르는 독서 활동이 필요하기에 체계적인 독서 기록이 중요하다.

독서를 바탕으로 사고력과 탐구력을 기르기 위해서는 그 과정과 절차를 충분히 이해하고 경험해 볼 필요가 있다. 그러한 경험이 쌓이다 보면 책을 읽고 기록하며 자연스럽게 자기 주도적으로 사고하는 습관이 생기고 생각이 체계적으로 정리되어 자신의 생각을 논리적으로 표현하는 데에도 도움이 된다. 이는 장기적으로 자신의 축적된 지식 자산이자 평생 학습의 기반이 되는 경쟁력으로 자리 잡을 것이다.

1. 교양 서적 독서 기록

진로 탐색을 위한 교양 서적은 인물의 일대기를 다룬 평전이나 자서전, 인성 함양을 위한 도서, 리더십 함양을 위한 도서로 구분할 수 있다.

전공 및 전공·교양 서적과 달리 교양 서적은 대부분 수필이나 실용문에 가까운 성격을 지닌다. 일반적인 도서 감상문은 자신의 감상을 자유롭게 표현하지만, 진로 독서의 경우 책을 읽고 자신의 생각을 체계에 따라 정리한다는 점에서 차이가 있다. 즉 교양 서적을 읽더라도 진로 독서를 하고 난 후의 서평은 책 내용을 정리하고 자신에게 가장 인상 깊었던 구절이나 내용을 체계적으로 정리해야 한다. 구체적으로 책 내용 정리, 책에 대한 자신의 생각 정리, 책 내용과 자신의 진로 및 관심 분야를 연결 짓는 세 가지 측면을 고려하여 작성할 수 있다.

　다음 교양 서적 독서 기록 예시에 따라 책 내용을 먼저 정리한 후 자신의 생각이나 진로 및 관심 분야를 연결하는 연습을 꾸준히 하면 책 내용을 체계적으로 이해할 뿐 아니라 내용 정리 연습으로 쓰기 능력도 향상될 것이다.

　'책 내용 정리'와 '책 내용에 대한 생각 정리'는 독서 일지의 형태로, 책을 읽으면서 그때그때 기록하는 것이 좋다. '책 내용과 사회 연결하기'와 '자신의 진로 및 관심 분야 연결하기'는 책을 다 읽은 후 인터넷을 이용하여 관련 자료를 충분히 검색하면서 진행하기를 추천한다. 또, 자신의 진로 및 관심 분야 연결하기의 경우 억지로 모든 책이나 내용을 '자신의 진로 및 관심 분야'에 연결할 필요 없이 자연스럽게 연결될 때만 작성하면 된다.

제목·저자		
책 내용 정리하기	목차별 핵심 내용	
	가장 인상적인 문장과 그 이유	
	새로 알게 된 내용	
	이해하기 어려운 부분이나 더 알고 싶은 내용	
책 내용에 대한 자기 생각 정리하기	책 내용과 관련한 나의 경험이나 생각	
	책을 읽고 바뀐 나의 생각	
책 내용과 사회 연결하기	책 내용과 관련한 사회 현상이나 이슈	
진로·관심 분야와 연결하기	책 내용 가운데 나의 진로·관심 분야에 참고할 만한 부분	
	나의 진로·관심 분야에 필요한 자질과 책에서 배운 내용	

2. 관심 분야 심화 독서 기록

전공 서적은 일반적으로 생활 글쓰기(수필)와 다르게 구어체가 아니라 문어체로 집필된 경우가 많고, 개념어나 추상어도 자주 사용된다. 또 학문의 심화 내용을 논리적으로 전개하는 구조를 가져 목차가 매우 세부적이고 체계적으로 구성되는 특징이 있다.

따라서 관심 분야 심화를 위한 독서에서 목차에 따른 핵심 내용 요약과 자신의 생각 정리가 중요하다. 이를 고려하여 기록도 내용을 정리하는 방식으로 이루어져야 한다. 결국 관심 분야 심화를 위한 독서 기록은 '동기-책 내용 정리-관심 분야와의 연관성 찾기-엮어 읽기와 깊이 읽기로 나아가기'의 과정에 따라 정리된다. 다음 심화 기록 양식 따라 도서 목차별 개념어와 주제문 등을 메모하며 기록해 보자.

제목·저자		
이 책을 읽게 된 동기 (관심 분야와 관련지어 서술)		
책 내용 정리하기	목차별 핵심 내용	
	목차별 주제문	
	새로 알게 된 내용	
	이해하기 어려운 부분이나 더 알고 싶은 내용	
진로·관심 분야와 연결하기	자신의 진로·관심 분야와 가장 관련이 깊은 내용	
엮어 읽고 깊이 읽기	심화 지식을 위한 추가 자료 검색	
	심화 지식을 위한 추가 도서 검색	
	비슷한 주제의 다른 서적	
	책 속에 나온 참고 문헌	

관심 분야 심화 독서는 읽기와 쓰기를 병행해야 더 큰 효과를 볼 수 있으므로, 읽으면서 주요 내용을 기록하고 이를 바탕으로 정리하거나 한 편의 글로 작성하는 것이 좋다.

요즘은 인터넷 검색으로 심화 지식을 찾기가 매우 수월해졌다. 책을 읽다가 특히 인상 깊거나 더 알고 싶은 내용이 있다면 즉시 검색하여 추가로 학습해 보기를 권장한다. 이때 검색한 내용을 함께 기록해 두면 엮어 읽기와 깊이 읽기를 이행하는 데 큰 도움이 된다.

초등 과학 독서 활동 보고서 예시

다음은 초등학교 과학 교과 관련 독서 활동을 어떻게 진행하는지에 대한 예시 두 가지이다. 먼저, 책의 기본 정보와 그 책과 관련된 과학적 원리, 관련 실험, 직업, 이슈, 후속 활동 계획 등을 정리해 보고 그에 맞춰 독서 활동 보고서를 작성한다.

1. 보고서 예시 ①

- 도서명:《떴다! 지식 탐험대 15 – 지층과 화석》
- 저자: 글 도엽(김원섭), 그림 안상정, 감수 이융남
- 관련 교과 주제: 초등 5-1 지층과 화석
- 핵심 과학 원리: 지층 누중의 원리, 반감기를 이용한 절대 연령 측정, 화석화 작용
- 주요 사례 및 실험: 삼엽충 모양 시간 여행 로봇 로비타와 함께하는 지질 시대 탐험, 해남 우항리 공룡 발자국 산지 및 변산반도 채석강 탐방 시뮬레이션
- 관련 진로 및 직업: 고생물학자, 지질학 연구원
- 관련 최신 이슈: 2024년 미국 경매 스테고사우루스 화석 '에이펙스(Apex)' 618억 원 낙찰 논란, 2024년 12월 전남 여수 공룡 골격 화석 60여 점 무더기 발견
- 후속 독서 및 활동 계획:《산으로 올라간 백만 개의 굴》 독서, 부안 격포리 퇴적층 및 화성 고정리 공룡 알 화석 산지 현장 탐방 및 스케치 활동

<h1 style="text-align:center">독서 활동 보고서</h1>

1. 도서명/저자

《떴다! 지식 탐험대 15 - 지층과 화석》 / 글 도엽(김원섭), 그림 안상정, 감수 이융남

2. 도서 선정 이유

과학 시간에 지층이 쌓이는 순서와 퇴적암의 종류, 화석이 만들어지는 과정을 배우면서 우리가 딛고 있는 땅속에 수억 년 전의 이야기가 어떻게 보존되어 있는지 더 깊이 알고 싶은 호기심이 생겼어요. 이 책이 교과서 내용을 더 쉽고 흥미롭게 이해할 수 있을 것 같아 선택하게 되었습니다.

3. 도서 내용 목차별 요약

1) 1~2장 (고 작가의 고민과 로비타의 등장)

작가인 아빠 '고생대'는 지층과 화석에 대한 원고를 써야 하지만 지식이 부족해 고민에 빠져요. 이때 아들 지층이와 단층이가 박 박사의 연구소에서 삼엽충을 본떠 만든 시간 여행 로봇 '로비타'를 만나 아빠를 돕기 위해 모험을 시작해요.

2) 3~4장 (지구 역사의 기록과 나이)

지층이 자갈, 모래, 진흙 등이 쌓여 만들어지는 과정과 아래 층이 위보다 먼저 만들어졌다는 지층 누중의 원리를 배울 수 있어요. 또한, 우라늄 같은 방사성 원소를 통해 눈으로 확인하기 어려운 지층의 정확한 나이를 알아내는 과학적 원리를 탐구해요.

3) 5~7장 (최초의 화석과 우리나라의 지질 명소)

약 35억 년 전의 최초 생명체 흔적인 스트로마톨라이트를 비롯한 고대 화석들을 찾아봐요. 이어 우리나라의 해남 우항리, 변산반도 채석강 등 국토 전체가 '자연사 박물관'임을 보여 주는 신기한 지질 명소들을 가상 체험합니다.

4) 8~9장 (공룡의 시대와 인류의 조상)

중생대에서 티라노사우루스에게 쫓기는 박진감 넘치는 경험을 하고, 신생대에서는 인류의 조상을 만나며 생물의 진화 과정을 체험해요.

5) 10장 (잊지 못한 작가 사인회)

아이들이 가져온 생생한 정보 덕분에 아빠 고 작가는 훌륭한 작품을 완성하고 사인회를 열며 탐험을 마무리해요.

4. 추가 자료 조사를 통한 관심사(진로)의 확장

1) 관련 진로: 고생물학자 및 지질학 연구원

2) 진로와의 연결

이 책의 감수자인 이융남 박사님처럼 화석을 통해 과거 생물의 모습과 당시의 환경을 복원하는 고생물학자의 세계를 알게 되었습니다. 또한 지질학 연구원이 암석 분포와 지각 구조를 조사하여 지하자원을 탐사하거나 국토 개발의 기초가 되는 연구를 한다는 점이 매우 멋지게 느껴졌습니다.

5. 진로 관련 도서의 의미

이 책은 저에게 과학자가 단순히 실험실에만 있는 것이 아니라, 현장(지층)을 관찰하며 지구의 역사를 읽어 내는 '지구의 탐정' 같은 존재라는 점을 가르쳐 주었어요. 지층과 화석은 46억 년 지구 역사를 기록한 '생생한 일기장'이며, 이를 연구하는 진로가 미래의 기후 위기를 예측하는 데 얼마나 중요한지 깨닫게 해 준 소중한 책입니다.

6. 주제 관련 최신 이슈

1) 공룡 화석의 가치

2024년 7월, 미국 경매에서 스테고사우루스 화석 '에이펙스(Apex)'가 약 618억 원에 낙찰되어 세계적인 화제가 되었습니다. 이는 화석의 가치를 보여 주지만, 소중한 학술 자원이 개인 소유가 될 경우 연구가 어려워질 수 있다는 문제를 함께 보여 줍니다.

2) 한반도 공룡 발견

2024년 12월, 전남 여수 일대 지층에서 척추뼈와 갈비뼈를 포함한 공룡 골격 화석 60여 점이 무더기로 발견되어 우리나라 고생물학계의 큰 기대를 모으고 있습니다.

7. 배우고 느낀 점

지층은 누중의 원리에 따라 아래부터 차곡차곡 쌓여서 아래층이 제일 오래된 층이라는 걸 알았어요.

화석도 뼈가 광물로 변한 돌이고, 발자국이나 똥(코프로라이트) 같은 생활 흔적도 화석이 된다는 사실이 정말 신기했어요.

특히 산호 화석은 옛날에 얕고 따뜻한 바다였다는 증거이고, 고사리 화석은 습한 육지였음을 알려 줘서 화석이 과거 환경의 열쇠라는 걸 깨달았어요.

8. 새롭게 알게 된 점 및 깨달은 점

"현재는 과거의 열쇠다."라는 말처럼, 지층과 화석을 연구하면 과거를 아는 걸 넘어 미래 기후 위기까지 예측할 수 있다는 걸 깨달았어요!

9. 후속 활동

지층이 어떻게 쌓이는지, 굴 화석이 왜 산꼭대기에 있는지 궁금해서 《산으로 올라간 백만개의 굴》을 읽을 계획이에요.

이 책 읽고 나면 책에서 소개한 부안 격포리 퇴적층이나 화성 고정리 공룡알 화석 산지에 가서 실제 지층 줄무늬를 보고 화석 자국을 스케치하면서 탐방 보고서를 써 보려고 합니다.

그림 20 《떴다! 지식 탐험대 15 - 지층과 화석》 독서 활동 PPT

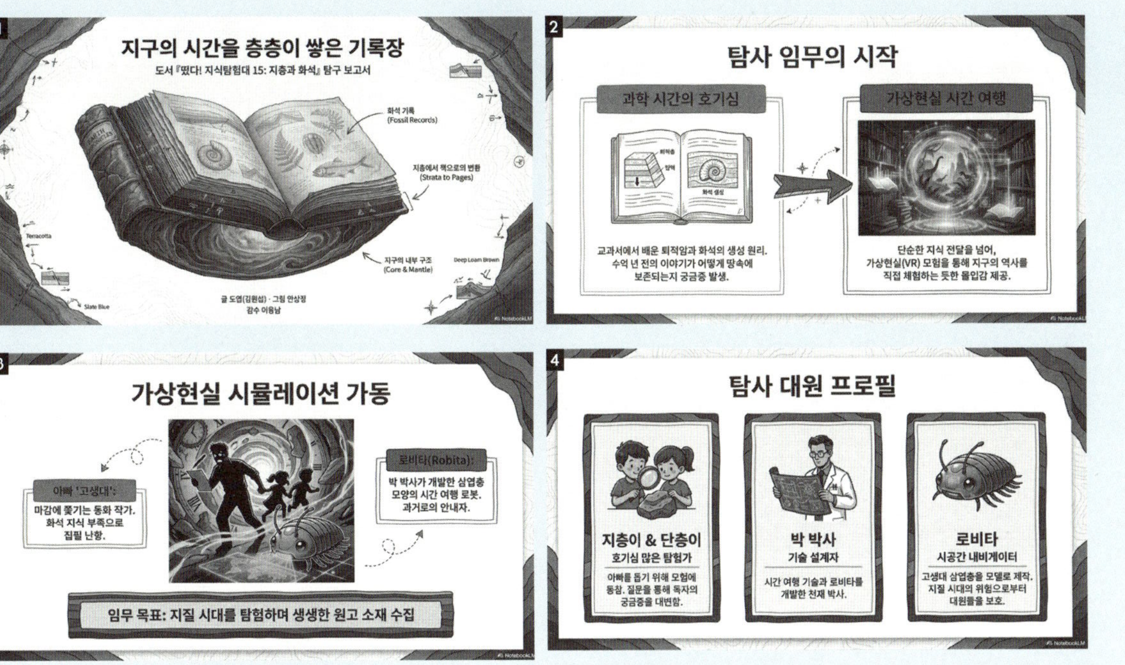

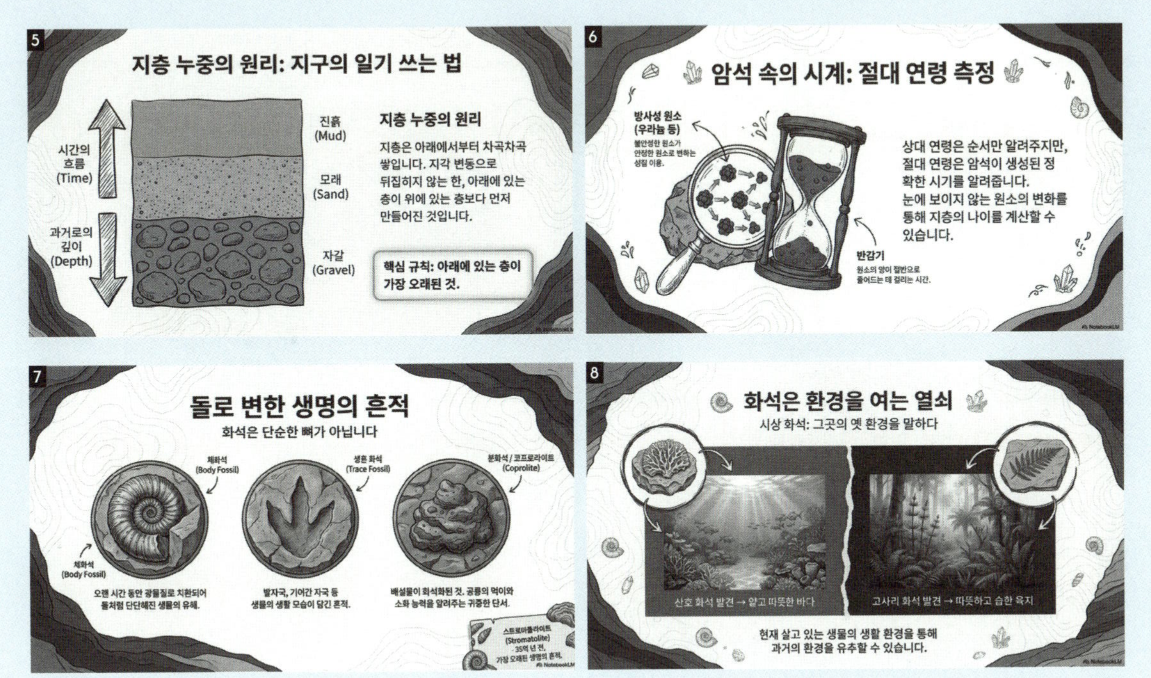
5
지층 누중의 원리: 지구의 일기 쓰는 법
시간의 흐름 (Time)
과거로의 깊이 (Depth)
진흙 (Mud)
모래 (Sand)
자갈 (Gravel)
지층 누중의 원리
지층은 아래에서부터 차곡차곡 쌓입니다. 지각 변동으로 뒤집히지 않는 한, 아래에 있는 층이 위에 있는 층보다 먼저 만들어진 것입니다.
핵심 규칙: 아래에 있는 층이 가장 오래된 것.
6
암석 속의 시계: 절대 연령 측정
방사성 원소 (우라늄 등)
불안정한 원소가 안정한 원소로 변하는 성질 이용.
반감기
원소의 양이 절반으로 줄어드는 데 걸리는 시간.
상대 연령은 순서만 알려주지만, 절대 연령은 암석이 생성된 정확한 시기를 알려줍니다. 눈에 보이지 않는 원소의 변화를 통해 지층의 나이를 계산할 수 있습니다.
7
돌로 변한 생명의 흔적
화석은 단순한 뼈가 아닙니다
체화석 (Body Fossil)
생흔 화석 (Trace Fossil)
분화석 / 코프로라이트 (Coprolite)
체화석 (Body Fossil)
오랜 시간 동안 광물질로 치환되어 돌처럼 단단해진 생물의 유해.
발자국, 기어간 자국 등 생물의 생활 모습이 담긴 흔적.
배설물이 화석화된 것. 공룡의 먹이와 소화 능력을 알려주는 귀중한 단서.
스트로마톨라이트 (Stromatolite)
35억 년 전, 가장 오래된 생명의 흔적.
8
화석은 환경을 여는 열쇠
시상 화석: 그곳의 옛 환경을 말하다
산호 화석 발견 → 얕고 따뜻한 바다
고사리 화석 발견 → 따뜻하고 습한 육지
현재 살고 있는 생물의 생활 환경을 통해 과거의 환경을 유추할 수 있습니다.

9
한반도는 거대한 자연사 박물관
우리나라는 중생대부터 신생대까지 다양한 지질 시대의 기록을 품고 있습니다.
변산반도 채석강
(Byeonsan Chaeseokgang)
수만 권의 책을 쌓아 놓은 듯한 층리. 파도와 세월이 만든 걸작.
해남 우항리
(Haenam Uhangri)
공룡, 익룡, 물갈퀴 새의 발자국이 한곳에서 발견된 세계적인 화석지.

10
2024년, 화석을 둘러싼 두 가지 뉴스
미국 경매, 스테고사우루스 '에이펙스' 낙찰
전남 여수, 공룡 골격 화석 60여 점 발견
여수 (Yeosu)
• 낙찰가 약 618억 원
↳ 개인 소유로 인한 연구 기회 상실 우려.
• 2024년 12월 발견
↳ 한반도 고생물학의 새로운 학술적 자산 확보.

11
지구의 탐정: 고생물학자와 지질학자
롤모델: 이융남 박사 (감수자)
고생물학자 (Paleontologist)
지질학 연구원 (Geologist)
화석을 연구하여 과거 생물의 모습과 생태 환경을 복원합니다.
암석과 지층을 조사하여 자원을 탐사하고 국토 개발의 기초 정보를 제공합니다.
과거를 연구하여 미래의 기후 위기를 예측하는 중요한 과학자들입니다.

12
다음 탐사 계획
미래를 읽다 과학이슈 11
지층의 물결자국을 직접 눈으로 확인하고 알맞고 보고서 작성하기!
현장 탐사 계획:
• 화성 고현리 공룡알 화석산지
• 부안 변산반도 퇴적층
독서 계획: 자원 문제와 과학 윤리 심화 학습.

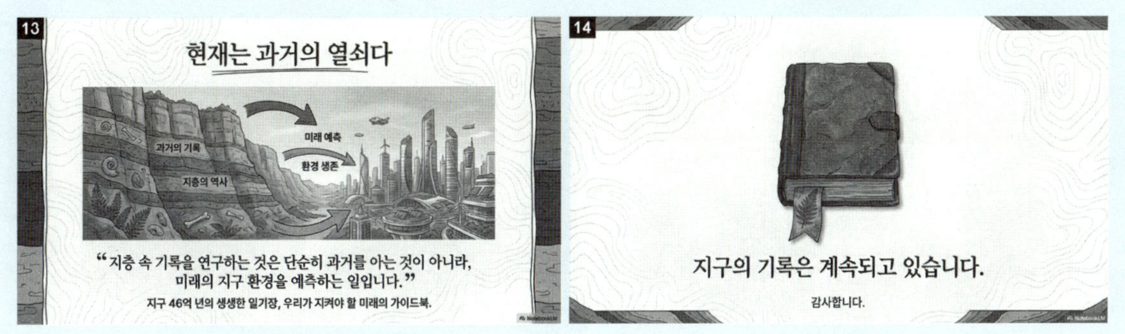

13
현재는 과거의 열쇠다
과거의 기록
지층의 역사
미래 예측
환경 생존
"지층 속 기록을 연구하는 것은 단순히 과거를 아는 것이 아니라, 미래의 지구 환경을 예측하는 일입니다."
지구 46억 년의 생생한 일기장, 우리가 지켜야 할 미래의 가이드북.

14
지구의 기록은 계속되고 있습니다.
감사합니다.

2. 보고서 예시 ②

- 도서명:《루이스가 들려주는 산, 염기 이야기》
- 저자: 전화영
- 관련 교과 주제: 초등 6-1 산과 염기
- 핵심 과학 원리: 아레니우스의 산·염기 정의, pH 지수, 중화 반응(산+염기=물+염), 루이스의 전자쌍 정의
- 주요 사례 및 실험: 지시약(리트머스 종이, 천연 지시약)의 색깔 변화 관찰, 중화 반응 시 온도 상승 및 전류 약화 실험, 산성비에 의한 석조 문화재(탄산칼슘) 부식 사례
- 관련 진로 및 직업: 보존과학자, 식품공학자, 환경공학자
- 관련 최신 이슈: 자동차 배기가스와 공장 매연으로 인한 산성비 피해로 유리 보호각에 보전되는 국보 석탑 사례
- 후속 독서 및 활동 계획:《용선생의 시끌벅적 과학교실 08: 산과 염기》독서, 자주색 양배추와 포도를 이용한 천연 지시약 만들기 실험

1. 도서명 / 저자

《루이스가 들려주는 산, 염기 이야기》 / 전화영

2. 도서 선정 이유

과학 시간에 산과 염기에 대해 배우면서 지시약 색깔 변화와 중화 반응 실험을 했어요. 그런데 왜 이런 변화가 일어나는지 자세히 알고 싶어졌어요. 이 책은 루이스라는 과학자의 강의처럼 산과 염기의 정의, 이온, pH, 중화 반응을 차근차근 설명해 주고 중학교 내용도 조금 나와 있어서 과학 시간에서 배운 걸 더 깊이 이해하는 데 도움이 될 것 같아 선택했습니다.

3. 도서 내용 목차별 요약

1) 첫 번째 수업

루이스 선생님과 학생들이 처음 만나는 장면으로 시작합니다. 물질이 물에 녹으면 전기를 통하게 되는 이유를 설명하면서 이온이라는 개념을 쉽게 소개해 줍니다.

2) 두 번째 수업

이온이 무엇인지, 양이온과 음이온이 어떻게 생기는지 자세히 설명합니다. 어떤 물질은 전기를 잘 통하게 하고 어떤 물질은 통하지 않는지 비교해 줍니다.

3) 세 번째 수업

아레니우스가 말한 산과 염기의 기본 정의를 배웁니다. 물에 녹아 수소 이온을 내놓는 물질은 산이고 수산화 이온을 내놓는 물질은 염기라는 내용을 예를 들어 알려 줍니다.

4) 네 번째 수업

염산, 황산, 아세트산 같은 여러 산의 예를 소개하고 어떤 산이 더 세고 약한지 알려 줍니다. 산이 금속을 녹이거나 석회암과 만나면 어떤 일이 일어나는지 간단히 설명합니다.

5) 다섯 번째 수업

암모니아, 수산화나트륨 같은 염기의 예를 들고 어떤 염기가 강하고 약한지 설명합니다. 염기가 피부에 미끄럽게 느껴지는 이유도 이야기해 줍니다.

6) 여섯 번째 수업

pH(수소이온 농도 지수)가 무엇인지 알려 주고 숫자가 작을수록 산성이 강하고 클수록 염기성이 강하다는 점을 설명합니다. 리트머스 종이, 만능 지시약, 꽃을 이용한 천연 지시약의 색깔 변화를 소개합니다.

7) 일곱 번째 수업

산과 염기가 만나 물과 염을 만드는 중화 반응을 자세히 설명합니다. 산과 염기의 양이 딱 맞을 때 온도가 가장 높아지고 전류가 약해진다는 점을 실험 예로 보여 줍니다.

8) 여덟 번째 수업

수소 이온을 주고받는 관계로 산과 염기를 보는 새로운 생각을 소개합니다. 같은 물질이 상황에 따라 산이 되기도 염기가 되기도 한다는 예를 들어 줍니다.

9) 아홉 번째 수업

전자쌍을 주고받는 관계로 산과 염기를 보는 루이스의 생각을 알려 줍니다. 이렇게 산과 염기 개념이 화학 전체를 설명하는 데 쓰이게 되었다는 점으로 끝납니다.

4. 추가 자료 조사를 통한 관심사(진로)의 확장

1) 관련 진로: 보존과학자

2) 진로와의 연결

이 책에서 산과 염기, 중화 반응을 배우면서 과학 시간에 잠깐 나온 산성비 이야기가 더 궁금해졌습니다.

자료를 찾아보니 공장 매연이나 자동차 배기가스에 든 오염 물질이 비에 섞여 산성비가 되고 석탑이나 석불의 돌(탄산칼슘)을 조금씩 녹입니다.

우리나라 국보 석탑도 산성비 때문에 많이 상해서 지금은 유리 보호각 안에 넣어 지키고 있습니다.

책에서 배운 화학 지식이 문화재를 보호하는 데 쓰인다는 게 신기했고 보존과학자라는 직업에 관심이 생겼습니다.

5. 관심사 관련 도서의 의미

이 책은 교과서에서 배우는 기본 내용에서 한 걸음 더 나아가 산과 염기 개념이 어떻게 점점 넓어졌는지 보여 줍니다.

그래서 지시약이나 중화 반응 같은 걸 더 잘 이해할 수 있었고 산성비나 문화재, 식품 속 산과 염기 같은 다른 주제도 연결해서 생각할 수 있게 됐습니다.

앞으로 과학 시간이나 책을 볼 때 이 개념은 누가 어떻게 생각해 낸 걸까 하며 궁금해하는 습관을 들이고 싶습니다.

6. 주제 관련 최신 이슈

요즘 뉴스에서 자동차 배기가스와 공장 매연 때문에 산성비가 많이 내려 문화재가 빠르게 손상된다고 합니다.

돌탑이나 불상뿐 아니라 나무 건물도 상하고 색이 바래는 사진을 많이 봤습니다.

전문가들은 겉은 멀쩡해 보여도 속부터 약해진다고 하면서 문화재 보호와 공해 줄이기가 함께 필요하다고 말합니다.

이 책의 산과 염기 반응이 실제로 우리 역사와 도시를 지키는 데 쓰인다는 걸 알게 됐습니다.

7. 배우고 느낀 점

산과 염기는 시고 미끄럽다는 느낌만 있는 게 아니라 이온과 pH로 우리 몸과 환경의 균형을 맞추는 중요한 물질이라는 걸 알았습니다.

과학자들이 처음 간단한 정의를 했지만 더 많은 실험으로 개념을 넓혀 나간 과정이 정말 멋졌습니다.

저도 과학 시간에 왜라는 질문을 많이 해 보고 싶어졌습니다.

8. 새롭게 알게 된 점

꽃 색깔이 산과 염기에 따라 변한다는 사실이 재미있었습니다.

리트머스 종이도 이런 관찰에서 시작됐다는 걸 알았습니다.

중화 반응이 완전히 될 때 온도는 가장 뜨겁지만 전류는 가장 약해진다는 점도 신기했습니다.

9. 후속 독서 계획

《용선생의 시끌벅적 과학교실 08: 산과 염기》와 《산과 염

기: 시큼 떨떠름 맛에 숨은 오묘한 비밀》을 읽으면서 생활 속 산과 염기 예를 더 찾아볼 거예요.

산성비와 문화재를 다룬 환경 과학책이나 식품 속 산·염기 책도 도서관에서 빌려 읽으며 화학을 재미있게 공부할 계획입니다.

그림 21 《루이스가 들려주는 산, 염기 이야기》 독서 활동

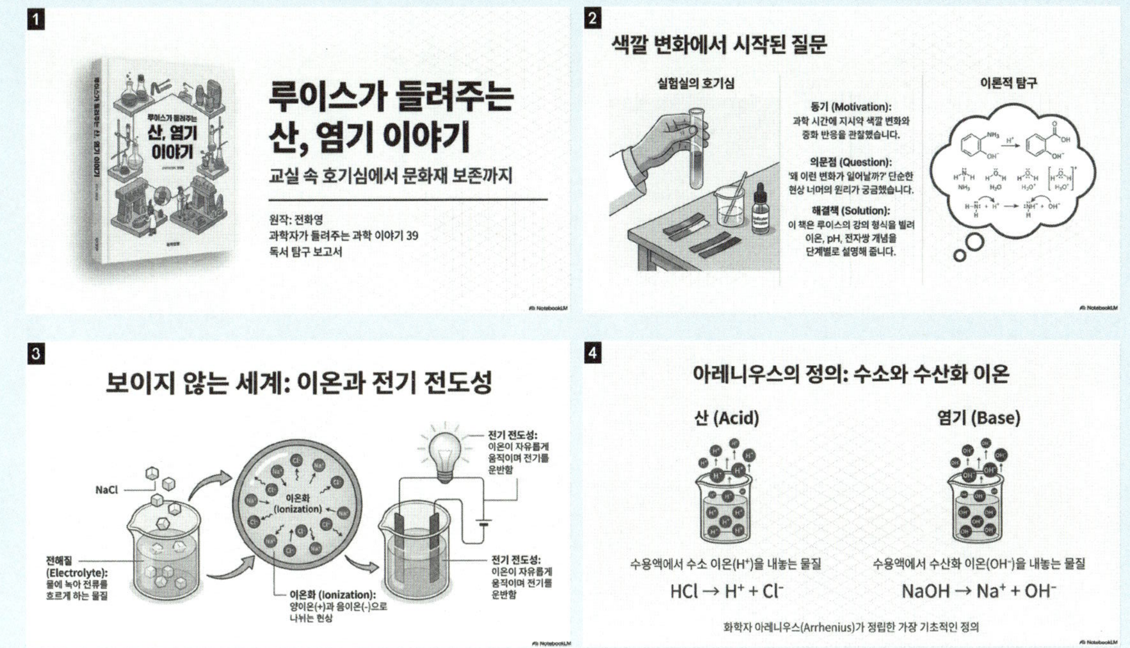

5. 산의 성질: 금속과 암석을 녹이다

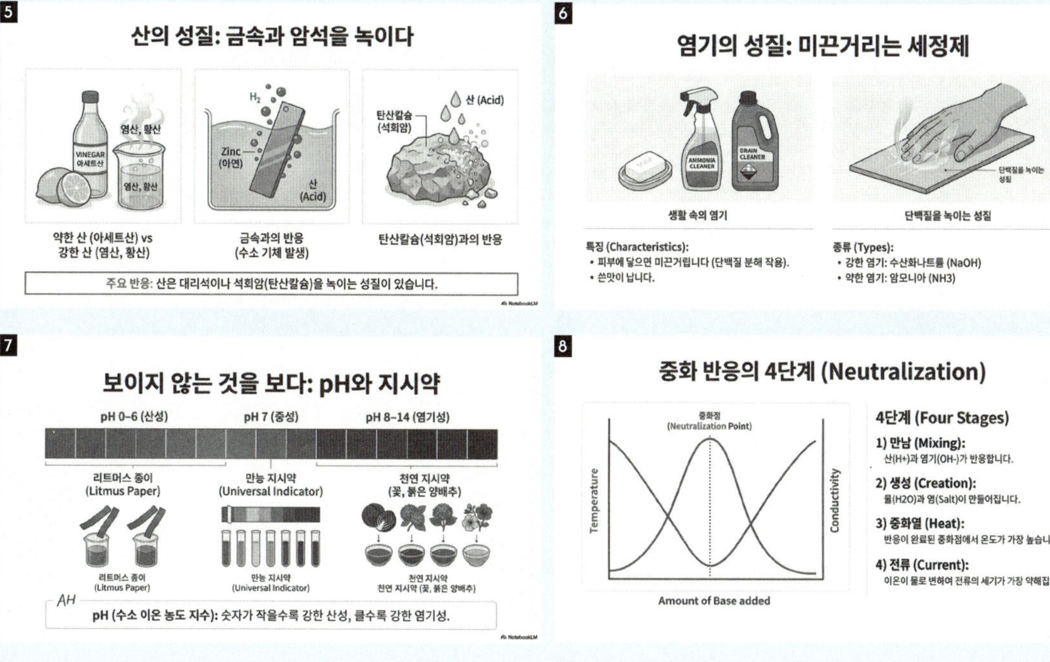

주요 반응: 산은 대리석이나 석회암(탄산칼슘)을 녹이는 성질이 있습니다.

6. 염기의 성질: 미끈거리는 세정제

특징 (Characteristics):
- 피부에 닿으면 미끈거립니다 (단백질 분해 작용).
- 쓴맛이 납니다.

종류 (Types):
- 강한 염기: 수산화나트륨 (NaOH)
- 약한 염기: 암모니아 (NH3)

7. 보이지 않는 것을 보다: pH와 지시약

pH (수소 이온 농도 지수): 숫자가 작을수록 강한 산성, 클수록 강한 염기성.

8. 중화 반응의 4단계 (Neutralization)

4단계 (Four Stages)

1) 만남 (Mixing):
산(H+)과 염기(OH-)가 반응합니다.

2) 생성 (Creation):
물(H2O)과 염(Salt)이 만들어집니다.

3) 중화열 (Heat):
반응이 완료된 중화점에서 온도가 가장 높습니다.

4) 전류 (Current):
이온이 물로 변하여 전류의 세기가 가장 약해집니다.

9

정의의 확장: 아레니우스에서 루이스까지

루이스
(Gilbert N. Lewis)

브뢴스테드-로우리
(Brønsted-Lowry)

아레니우스
(Arrhenius)

화학의 발전: 더 넓은 개념으로 확장되어 수소나 수산화 이온이 없는 반응까지 설명하게 됩니다.

10

대기 중의 화학: 산성비의 위협

화학 반응
(황산, 질산 생성)

매연/배기가스
(오염 물질)

산성비
(pH 5.6 미만)

탄산칼슘 용해

원인: 공장 매연과 자동차 배기가스가 빗물에 녹아 강한 산성이 됨.

피해: 토양 오염, 식물 고사, 그리고 문화재 훼손.

11

역사를 지키다: 문화재 보존 과학

피해: 산성비가 대리석 석탑과 불상을 녹임

보존: 유리 보호각 설치 및 과학적 처리

화학 지식의 응용: 보존과학자 (Conservation Scientist)
우리의 국보와 문화 유산을 과학으로 지켜냅니다.

12

교과서 밖의 발견

자연의 지시약

수국 같은 꽃의 색깔은 토양의 산성/염기성 농도에 따라 변합니다.

중화 반응의 역설

반응이 완벽하게 일어날 때(중화점), 용액은 가장 뜨겁지만 전기는 가장 안 통합니다.

13. 과학자처럼 생각하기

단순한 암기가 아닌, 끊임없이 질문하고 정의를 다듬어가는 과정이 과학입니다.

14. 탐구는 계속된다 (Further Study)

함께 읽으면 좋은 책:

1. 용선생의 시끌벅적 과학교실 08: 산과 염기
2. 산과 염기: 시큼 떨떠름 맛에 숨은 오묘한 비밀

확장 탐구 주제:

- 식품 속의 산과 염기 (Food Chemistry)
- 환경 과학과 산성비 (Environmental Science)

15. 화학: 세상을 이해하는 열쇠

"꽃의 색깔 변화에서 문화재의 보존까지,
산과 염기를 이해하는 것은 우리 환경과 역사를 지키는 첫걸음입니다."

감사합니다.

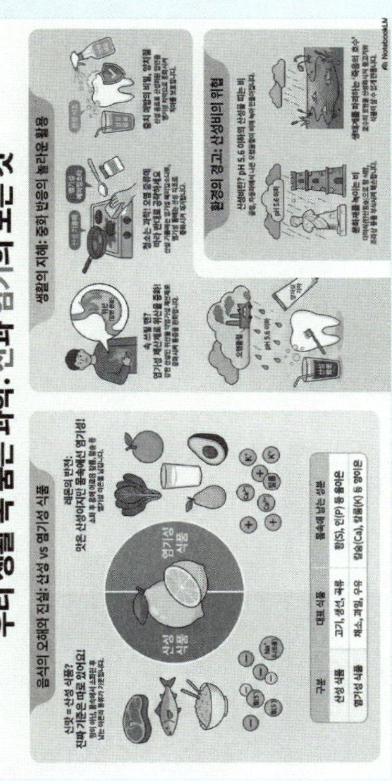

그림 22 《루이스가 들려주는 산, 염기 이야기》 독서 활동 인포그래픽(AI 생성)

참고 문헌

교육부, (2022개정) 초·중등학교 교육과정 [별책1] 총론

교육부, (2022개정) 초·중등학교 교육과정 [별책2] 초등학교 교육과정

교육부, (2022개정) 초·중등학교 교육과정 [별책3] 중학교 교육과정

교육부, (2022개정) 초·중등학교 교육과정 [별책4] 고등학교 교육과정

2022개정교육과정 총론 주요사항(시안)

떴다! 지식 탐험대 : 지층과 화석, 도엽 외, 시공주니어(2020).

루이스가 들려주는 산, 염기 이야기, 전화영, 자음과 모음(2010).

합격 생기부 절대 원칙 탐구력, 팀유니온, 포르체(2025).

최상위 합격의 시작, 초등 탐구력

초판 1쇄 발행 2026년 4월 22일

지은이   조기성, 팀유니온
펴낸이   박영미
펴낸곳   포르체

책임편집   김찬미
마케팅   정은주 민재영
디자인   엄진욱

출판신고   2020년 7월 20일 제2020-000103호
전화   02-6083-0128
팩스   02-6008-0126
이메일   porchetogo@gmail.com
인스타그램   porche_book

여러분의 소중한 원고를 보내주세요.
porchetogo@gmail.com